安徽省文化强省建设专项资金项目
安徽省"十二五"重点出版物出版规划项目

漫画版中国传统社会生活

庄华峰 主编

娱乐生活

身心的游弋

王先进 著

中国科学技术大学出版社

内 容 简 介

娱乐生活是人类社会活动的重要内容之一。它起源于人们的生产劳动和其他社会实践，伴随着社会的进步不断地发展和完善，形成了自发性、群众性、多样性和文化性等特点，成为各国文化的重要组成部分，是一个展示各历史时期社会精神面貌的重要窗口。中华民族自古以来就是一个热爱生活、善于创造美好生活的民族。书写中华古老的娱乐生活史，对于弘扬中华民族悠久灿烂的文化具有重要意义。

本书从乐舞杂戏、技艺竞技、博弈游戏、适情雅趣、民俗游艺五个层面对中国传统民众娱乐生活的方方面面进行了描绘，集知识性、趣味性、娱乐性于一体，雅俗共赏，展现了个人与群体喜怒哀乐的宣泄与对美好生活的追求，富有时代意义，能够给人以文化熏陶和生活启迪。

图书在版编目(CIP)数据

娱乐生活：身心的游弋/王先进著.—合肥：中国科学技术大学出版社，2020.5(2021.7重印)

(漫画版中国传统社会生活/庄华峰主编)

安徽省文化强省建设专项资金项目

安徽省"十二五"重点出版物出版规划项目

ISBN 978-7-312-04373-4

Ⅰ.娱… Ⅱ.王… Ⅲ.休闲娱乐—中国—通俗读物 Ⅳ.G241.3-49

中国版本图书馆CIP数据核字(2018)第055591号

出版	中国科学技术大学出版社 安徽省合肥市金寨路96号，230026 http://press.ustc.edu.cn https://zgkxjsdxcbs.tmall.com
印刷	合肥市宏基印刷有限公司
发行	中国科学技术大学出版社
经销	全国新华书店
开本	880 mm × 1230 mm 1/32
印张	7.875
字数	177千
版次	2020年5月第1版
印次	2021年7月第4次印刷
定价	40.00元

总 序

中国是世界文明古国之一,在漫长的历史岁月中,她曾经创造出举世闻名的政治、经济、文化、科技文明成果。这些物质文明与精神文明的优秀成果,既是中国古代各族人民在长期生产活动实践和社会生活活动中所形成的诸多智慧创造与技术应用的结晶;同时,这些成果的推广与普及,又作用于人们的日常生产与生活,使之更加丰富多彩,更具科技、文化、艺术的魅力。

中国古代社会生活,不仅内容宏富,绚丽多姿,而且源远流长,传承有序。作为一门学科,中国社会生活史是以中国历史流程中带有宽泛内约意义的社会生活运作事象作为研究内容的,它是历史学的一个重要分支,有助于人们更全面、更形象地认识历史原貌。关于生活史在历史学中的地位,英国著名历史学家哈罗德·铂金曾如是说:"灰姑娘变成了一位公主,即使政治史和经济史不允许她取得独立地位,她也算得上是历史研究中的皇后。"(蔡少卿《再现过去:社会史的理论视野》)

然而这位"皇后"在中国却历尽坎坷,步履维艰。她或为其他学科的绿荫所遮盖,或为时代风暴扬起的尘沙所掩蔽,使得中国社会生活史没有坚实的理论基础,也没有必要的历史资料,对其的整体性研究尤其薄弱,甚至今日提到"生活史"这个词,许多人仍不乏茫然之感。

　　社会生活史作为历史学的一个分支在中国兴起,虽只是20世纪20年代以来的事,但其萌芽却可追溯至古代。中国古代史学家治史,都十分注意搜集、整理有关社会生活方面的史料。如孔子辑集的《诗经》,采诗以观民风,凡邑聚分布迁移、氏族家族组织、衣食住行、劳动场景、男女恋情婚媾、风尚礼俗等,均有披露。《十三经》中的《礼记》《仪礼》,对古代社会的宗法制、庙制、丧葬制、婚媾、人际交往、穿着时尚、生儿育女、敬老养老、起居仪节等社会生活资料,做了繁缛纳范,可谓是一本贵族立身处世的生活手册。司马迁在《史记·货殖列传》中描述了全国20多个地区的风土人情:临淄地区,"其俗宽缓阔达,而足智。好议论,地重,难动摇,怯于众斗,勇于持刺,故多劫人者";长安地区,"四方辐辏并至而会,地小人众,故其民益玩巧而事末也"。他并非仅仅罗列现象,还力图作出自认为言之成理的说明。如他在解释代北民情为何"慓悍"时说,这里"迫近北夷,师旅亟往,中国委输时有奇羡。其民羯羠不均"。而齐地人民"地重,难动摇"的原因在于这里的自然环境和生产状况是"宜桑麻"耕种。这些出自古人有意无意拾掇下的社会生活史素材,对揭示丰富多彩的历史演进中的外在表象和内在规律,无疑具有积极意义,将其视作有关社会生活研究的有机部分,似也未尝不可。

　　社会生活史作为一门学科,则是伴随着20世纪初社会学的兴起而出现于西方的。开风气之先的是法国的"年鉴学派"。他们主张从人们的日常生活出发,追踪一个社会物质文明的发展过程,进而分析社会的经济生活和结构以及全部社会的精神状态。"年鉴学派"的代表人物雅克·勒维尔在《法国史》一书中指出:重要的社会制度的演变、改革以及革命等历史内容虽然重要，但是，"法国历史从此以后也是耕地形式和家庭结构的历史，食品的历史，梦想和爱情方式的历史"。史学家布罗代尔在其《15至18世纪的物质文明、经济和资本主义》一书中，将第一卷命名为"日常生活的结构"，叙述了15至18世纪世界人口的分布和生长规律，各地居民的日常起居、食品结构以及服饰、技术的发展和货币状况，表明他对社会生活是高度关注的。而历史学家米什列在《法兰西史》一书的序言中则直接对以往历史学的缺陷进行了抨击：第一，在物质方面，它只看到人的出身和地位，看不到地理、气候、食物等因素对人的影响；第二，在精神方面，它只谈君主和政治行为，而忽视了观念、习俗以及民族灵魂的内在作用。"年鉴学派"主张把新的观念和方法引入历史研究领域，其理论不仅震撼了法国史学界，而且深刻影响了整个现代西方史学的发展。

在20世纪初"西学东渐"的大潮中，社会生活史研究与方法也被介绍到中国，并迅速蔚成风气，首先呼吁重视社会生活史研究的是梁启超。他在《中国史叙论》中激烈地抨击旧史"不过记述一二有权力者兴亡隆替之事，虽名为史，实不过是帝王家谱"，指出："匹夫匹妇"的"日用饮食之活动"，对"一社会、一时代之共同心理、共同习惯"的形成，极具重要意义。为此，他在拟订中国史提纲时，专门列入了"衣食住等状况""货币使用、所有权之保护、救济政策之实施"以及"人口增殖迁转之状况"（梁启超《饮冰室合集·文集》）等社会生活内容，从而开启了中国社会生活史研究的新局面。

在20世纪二三十年代，我国史学界的诸多研究者都涉足了中国社会生活史研究领域，分别从社会学、民族学、民俗学、历史学、文化学的角度，对古代社会各阶层人们的物质、精神、

民俗、生产、科技、风尚生活的状况进行探究,并取得了丰硕的成果。但这一研究的真正全面展开,却是20世纪80年代以来的事情。在此时期,社会生活史研究这位"皇后"在经历了时代的风风雨雨之后,终于走出"冷宫",重见天日,成为史苑里的一株奇葩,成为近年来中国史学研究繁荣的显著标志。社会生活史研究的复兴,反映了史学思想的巨大变革:一方面,它体现了人的价值日益受到了重视,把"自上而下"看历史变为"自下而上"看历史,这是一种全新的历史观。另一方面,它表明人类文化,不仅是思想的精彩绝伦和文物制度的美好绝妙,而且深深地植根于社会生活之中。如果没有社会生活这片"沃土"的浸润,人类文化将失去生命力。

尽管近年来中国社会生活史的研究取得了长足的发展,但与政治史、制度史、经济史等研究领域相比,其研究还是相对薄弱的。个中原因可能是多方面的,但与人们的治史理念不无关系。

我们一直认为,史学研究应当坚持"三个面向",即面向大众、面向生活、面向社会。"面向大众"就是"眼睛向下看",去关注社会下层的人与事;"面向生活"就是走近社会大众的生活状态,包括生活习惯、社会心理、风俗民情、经济生活等等;"面向社会"则是强调治史者要有现实关怀,史学研究要为经济社会发展提供智力支持。而近年来我总感到,当下的史学研究有时有点像得了"自闭症",常常孤芳自赏,将自己封闭在学术的象牙塔里,抱着"精英阶层"的傲慢,进行着所谓"纯学理性"探究,责难非专业人士对知识的缺失。在这里,我并非否定进行学术性探究的必要性,毕竟探求历史的本真是史学研究的第一要务,而且探求历史的真相,就如同计算圆周率,永无穷期。但是，如果我们的史学研究不能够启迪当世、昭示未来，不能够通过对历史的讲述去构建一种对国家的认同，史学作品不能够成为启迪读者的向导，相反却自顾自地远离公众领域，远离社会大众，使历史成为纯粹精英的历史，成为干瘪的没血没肉的历史，成为冷冰冰的没有温情的历史，自然也就成了人们不愿接近的历史，这样的学术研究还会有生机吗？因此，我觉得我们的史学研究要转向（当然这方面已有许多学者做得很好了），治史者要有人文情怀，要着力打捞下层的历史，多写一些雅俗共赏、有亲和力的著作。总之一句话，我们的史学研究要"接地气"，这样，我们的研究工作才有意义。

2017年1月，中共中央办公厅、国务院办公厅印发的《关于实施中华优秀传统文化传承发展工程的意见》指出："文化是民族的血脉，是人民的精神家园。文化自信是更基本、更深层、更持久的力量。"中华民族优秀传统文化中独特的理念、智慧、气度、神韵，增添了中国人民和中华民族内心深处的自信和自豪。那么，我们坚持"文化自信"的底气在哪里？我想，博大精深的优秀传统文化以及在其基础上的继承和发展，夯实了我们进行文化建设的根基，奠定了我们文化自信的强大底气。正是基于这样的思考，我们编写了"漫画版中国传统社会生活"丛书。

我们编写这套丛书，就是想重拾远逝的文化记忆，呼唤人们对传统社会生活的关注。丛书内容分别涉及饮食、服饰、居住、节庆、礼俗、娱乐等方面。这些生活事象，看似细碎、平凡，却蕴含着丰富的文化和智慧，而且通过世代相传，已渗透到中国人的意识深处。

这是一套雅俗共赏的读物。作者在尊重历史事实，保证

科学性、学术性的前提下,用准确简洁、引人入胜的文字并与漫画相结合的艺术手法,把色彩缤纷的社会生活花絮与历史长河中波涛起伏的洪流结合在一起描述,让广大读者通过生动活泼的形式,了解先民生活的方方面面,进而加深对中华民族和中国人的了解。这种了解,是我们创造未来的资源和力量,也是我们坚持文化自信的根基。

庄华峰

2019年10月12日

于江城怡墨斋

目 录

总序　i

一　乐舞杂戏　001

歌舞：载歌载舞悦耳目 ················002
戏剧：唱念做打总关情 ················014
杂技：丸剑跳掷霜雪浮 ················026
魔术：亦真亦幻显神奇 ················034

二　技艺竞技　043

蹴鞠：画球轻蹴壶中地 ················044
击鞠：跃骑马上竞风流 ················056
捶丸：一棒横击落青毡 ················067
相扑：裸袒相搏勇者胜 ················075
扛鼎：力拔山兮气盖世 ················085
射箭：翻身向天仰射云 ················094

三　博弈游戏　107

六博：成枭而牟呼五白 ················108

双陆：彩骰清响押盘飞 ························ 116
樗蒲：能销永日是樗蒲 ························ 124
围棋：忘忧清乐在枰棋 ························ 132
象棋：车马纵横杀气浮 ························ 145

四 适情雅趣 157

投壶：箭倚腰身约画图 ························ 158
弹棋：背局临虚斗著危 ························ 168
牌戏：无声落叶萧萧下 ························ 175
猜射：分曹射覆蜡灯红 ························ 184
酒令：觥筹交错杯杯尽 ························ 192

五 民俗游艺 201

秋千：百尺丝绳拂地悬 ························ 202
风筝：忙趁东风放纸鸢 ························ 207
拔河：超拔山兮力不竭 ························ 217
水嬉：罗袜凌波呈水嬉 ························ 222
冰嬉：往来冰上走如风 ························ 231

参考文献　240

后记　241

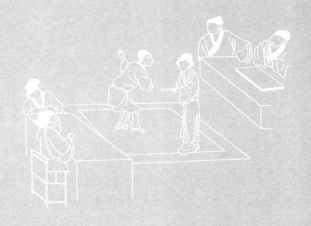

 乐舞杂戏

乐舞杂戏属于观赏性娱乐活动，主要通过专业艺人们的表演使观赏者获得精神上的享受，从而达到娱乐身心的目的。中国古代的乐舞杂戏包括歌舞、戏剧、杂技、魔术等。歌舞彰显舞蹈的魅力，戏剧重在表演和故事情节的展现，杂技以技巧取胜，魔术以奇幻见长。它们的表现形式和活动内容都极其丰富多彩，广泛存在于古代民众的娱乐生活之中。

娱乐生活——身心的游弋

歌舞：载歌载舞悦耳目

我国古代先民对大自然的热爱、对生产劳动的热情、对爱情的渴望、对友情的珍惜和对神灵的礼赞，常常通过歌舞音乐的方式表达出来，歌舞音乐成了古代民众娱乐生活的重要组成部分。

据考古发现，我国早在新石器时代的马家窑文化遗址中就已有描绘史前舞蹈的彩陶盆。陶盆上的舞蹈图案由三组人物构成，每组五人，舞者手拉着手，动作协调，舞姿优美。一些历史文献对远古时代的乐舞活动也有记载。例如，《竹书纪年·帝舜元年》中提到："（舜）即帝位……击石拊（fǔ）石，以歌九韶，百兽率舞。"东晋王嘉在《拾遗记》中提到，神农氏时"奏九

新石器时代舞蹈纹彩陶盆
（据青海省大通县上孙家寨马家窑文化遗址出土文物绘制）

天之和乐,百兽率舞,八音克谐,木石润泽"。这说明在尧舜时代,乃至更早一些的神农氏时代,已经存在模仿"百兽"或佩戴"百兽"面具的歌舞。《吕氏春秋·古乐》中还记载有一个古老的"葛天氏之乐",表演时三个人手握牛尾,边跳舞,边唱歌,歌唱内容分"载民""玄鸟""遂草木""奋五谷""敬天常""建帝功""依地德""总禽兽之极"八个部分,分别表现祝愿人丁兴旺、草木茂盛、禽畜繁衍,祈求五谷丰收、敬畏上天、感谢土地等多种与农业生产和人类生存有关的美好愿望。

远古时代乐舞的内容和形式都较为简单,人们在生产劳动过程中,或者在劳动休息之余,击石为节,踏地为歌,歌与舞结合,即兴抒情表演。它除了具有娱乐作用外,还明显带有传授生产经验、组织生产劳动、维系民族文化和培养民族感情的社会作用。

西周和春秋战国时期是我国乐舞艺术大发展时期。西周时,周王室制定了一整套繁琐的礼乐制度,并在宫廷之中设立了庞大的乐舞机构,专门掌管乐舞礼仪事宜。乐舞机构的最高官职叫"大司乐"。"大司乐"管理歌唱、舞蹈、器乐表演者及其他工作人员近一千五百人。当时,这种礼仪性乐舞属于雅乐舞,代表作品有"六大舞"和"六小舞"。"六大舞"包括《云门》《大章》《大韶》《大夏》《大濩》《大武》,分别歌颂六个历史时期的首领或君王,赞美他们的贤德和功绩。前四个为"文舞",重在歌颂黄帝、尧、舜、禹四人以文德治天下;后两个为"武舞",重在赞美商汤、周武王以武功征服天下。"六大舞"在歌词、曲调、音律、服饰、动作、队列等方面都有严密的规则。比如,文舞舞人手执龠(yuè,似笛的乐器)翟(dí,鸟羽),武舞舞人手执干戚(盾牌和大斧),动作姿势有"正揖""右揖""左揖""俯仰"

"躬身""仰观""叩头""拜舞"等。"六大舞"通常在祭祀活动中使用,力求容貌庄严,进退整齐,表现"身不虚动,手不徒举,应节合度,周其叙时"的风格,参与乐舞活动的人皆报以恭敬虔诚的心态。"六小舞"包括执道具的《帗舞》、执鸟羽的《羽舞》、执牛尾的《旄舞》、执盾牌的《干舞》、插羽饰或执雉尾的《皇舞》和徒手舞《人舞》。这些乐舞主要用于教育贵族子弟,也用于祭祀仪式。当时的社会很重视乐舞修养,周王室成员及贵族子弟从十三岁开始,要逐渐学习掌握各种礼仪乐舞,二十岁左右要全面掌握"六大舞"和"六小舞"。

春秋战国时期,礼坏乐崩,随着周王室对诸侯控制能力的减弱,他们所推崇的"六大舞""六小舞"等雅乐舞开始被僭越或废弃。与此同时,自由纵情的民间乐舞在这一时期获得了极大的发展,一时间,"桑间、濮上,郑、卫、宋、赵之声并出"(《汉书·礼乐志》),并广受诸侯贵族和普通民众的欢迎。据《乐记·魏文侯》记载,魏文侯曾问孔子的学生子夏:我衣冠端正、聚精会神地听古乐,老怕自己会打瞌睡,而听郑国和卫国的音乐,就不知疲倦了,请问这是什么原因呢?子夏回答道:古乐进退都很整齐,声音中和、正大、宽广而有节奏,轻重缓急皆有所指,以此来传递修身、齐家、治国、平天下的道理。而"郑卫新乐",进退参差不齐,男女混杂,声音急促淫滥,容易让人耽溺,却毫无道理可言。你喜欢听"郑卫新乐",其实贪图的只是音的享受,而未去体认乐声背后所承载的意义。尽管子夏的一番话语暗含对魏文侯沉溺于"郑卫之音"的批评,却也道出了西周古雅乐舞失宠的缘由。对于日渐崛起的诸侯、大夫们来说,不合礼的乐舞本身就表示对周王室的政治挑衅和政治进攻,何况它们还可以直接带来感官上的享受呢!

在这种发展态势下,贵族之家和诸侯后宫广泛蓄养乐舞艺人,宴饮歌舞、自娱而舞的风气开始流行起来。举例来说,燕昭王时,广延国进献了两个善于跳舞的人,一个名叫旋娟,一个名叫提谟,她们身体柔软,体态轻盈,风姿绰约。昭王登崇霞台,招二人来表演歌舞,她们歌声轻飏、舞姿婉转,表演的舞蹈有《萦尘》《集羽》《旋怀》,深得昭王喜爱。后来,昭王干脆让她们住在崇霞台,专门在宴饮时让她们登台表演(东晋王嘉《拾遗记》)。普通百姓自娱而舞的场景在《诗经》中也有大量描绘。《诗经》中的部分诗歌原是舞曲歌词,这些歌词有不少是描写民间歌舞情态的,如《国风》中的《陈风·东门之枌》《陈风·宛丘》《王风·君子阳阳》等诗篇,直接描绘了青年男女歌舞和相爱的情景。除此之外,民间祭祀性巫舞也很盛行。其中楚国巫舞最具有代表性,著名诗人屈原所作的《九歌》,就是根据楚国民间祭祀乐歌素材创作而成的。《九歌》祭祀了十一位神,有独舞、群舞、歌舞和伴唱等不同形式的乐舞活动,反映出当时楚国巫舞活动及其盛况。

汉魏六朝时期,宫廷乐舞和民间歌舞都蓬勃发展,并与异域歌舞相融合,成为一种世俗的娱乐活动。在宫廷乐舞方面,盛行于西周时期的庙堂祭祀性乐舞继续存在,并在继承传统的基础上创作了许多新的舞曲。比如,有祭祀汉高祖的《武德舞》《文始舞》《五行舞》,祭祀汉孝文帝的《盛德舞》,祭祀汉光武帝的《大武舞》,祭祀魏宋宗庙的《昭武舞》《凤翔舞》《灵应舞》《武颂舞》《武始舞》《咸熙舞》《章斌舞》等(《初学记·乐部》)。这些祭祀性乐舞仍然有文舞和武舞之分,沿用文舞昭德、武舞象功的传统,并由朝廷设立的"太乐署"统一管理。这一时期,宫廷对民间乐舞也极为重视,组建了专门的管理机

构——乐府,负责收集全国各地的民间歌舞,加以编制,并招纳优秀的民间歌舞艺人,在宫廷贵族宴饮时和日常消遣时助兴表演。这些乐府艺人表演的著名舞蹈有《盘鼓舞》《长袖舞》《巾舞》等。表演《盘鼓舞》时,地面上放置数个大盘和大鼓,舞者伴着乐队伴奏和歌者伴唱,在盘鼓上面进行腾踏跳跃,表现各种舞姿、技巧。《盘鼓舞》要求舞者有灵敏轻捷的身姿,准确、利落的动作技巧,姿势动作"连翩络绎,乍续乍绝,裾似飞燕,袖如回雪"(汉张衡《舞赋》),舞姿优美。《长袖舞》以舞长袖为特征,舞者穿薄如蝉翼的长袖舞衣,紧身束腰,手无所持,以腰部和手、袖的动作为主,舞姿委婉飘逸、娴静婀娜。随着舞者缓缓做出前俯后仰、侧体折腰等高难度动作,舞袖上下翻飞、流动起伏,煞是好看。《巾舞》以巾代袖,舞者手执长巾或短巾,舞动起来转环飞旋、轻盈舒展。

汉代《盘鼓舞》

(据汉代画像石绘制)

除此之外，一些少数民族乐舞和外来乐舞也传入宫廷，演变为宫廷乐舞，成为宴席上常见的娱乐歌舞。例如，西汉初年改编自西南少数民族地区的乐舞《巴渝舞》就深受汉高祖刘邦的喜爱，他命宫廷乐工舞人学习表演；晋代根据南方吴地舞蹈改编而来的《白纻舞》也常在宫廷夜宴中表演；其他如《高丽乐》《龟兹乐》《疏勒乐》《高昌乐》《天竺乐》《安国乐》《康国乐》等外域乐舞在魏晋南北朝之际也相继传入汉地，受到社会上层人士的普遍欢迎。宫廷贵族宴饮时在观看专业舞者的表演之余，还常常安排官员自歌自舞助兴。据《南史·王俭传》记载，齐高帝萧道成在华林苑宴集君臣，其间群臣各展技艺，"褚彦回弹琵琶，王僧虔、柳世隆弹琴，沈文季歌《子夜来》，张敬儿舞"，这里的褚、王、柳等人都是当时的朝廷重臣，位列三公，他们或弹或奏，或歌或舞，充分展示了各自的乐舞才华。就连武人王敬则也不甘寂寞，来凑热闹，"脱朝服袒，以绛纠髻，奋臂拍张，叫动左右"，袒胸露乳，手舞足蹈，大呼小叫，把宴饮气氛推向高潮。

在宫廷乐舞的带动之下，王公大臣、豪富之家也普遍蓄养乐舞伎人，以满足他们的声色娱乐需要。据史料记载，北魏宣武帝时，高阳王元雍"出则鸣驺御道，文物成行，铙吹响发，笳声哀转；入则歌姬舞女，击筑吹笙，丝管迭奏，连宵尽日"。元雍家知名的美姬有徐月华、修容和艳姿三人。徐月华善弹箜篌，弹奏《明君出塞》曲时，闻者莫不动容；修容擅长《绿水歌》；艳姿善《火凤舞》。(《洛阳伽蓝记》卷三)梁武帝时官员羊侃，府中"姬妾侍列，穷极奢靡"，其中，陆太喜善弹筝，张净琬、孙荆玉善舞，王娥儿善歌。张净琬腰围一尺六寸，能作掌上舞；孙荆玉能表演反身贴地衔玉簪的高难度动作；王娥儿曲尽奇妙，

宫廷歌者都甘拜下风,一时无对。(《梁书·羊侃传》)晋武帝时,富商石崇家中养伎人数千,每令其家伎佩金戴玉,互相挽着衣袖绕堂上楹柱而舞,昼夜不断,连绵不绝,名为《恒舞》。石崇还有一个名叫绿珠的宠伎,善吹笛,并擅长表演《明君》(即王昭君)舞,名震当时。(《乐史·绿珠传》)从这些历史资料中可以看到,这些豪门富族极尽奢侈之能事,不但蓄养乐人人数众多,而且个个技艺精湛。受到贵族阶层乐舞之风的浸染,普通百姓也常以歌舞即兴娱乐。《宋书·良吏传序》称:"凡百户之乡,有市之邑,歌谣舞蹈,触(逐)处成群。"《南齐书·良政传序》也称:"都邑之盛,士女富逸,歌声舞节,袨服华妆,桃花绿水之间,秋月春风之下,盖以百数。"乐舞活动亦是普通民众生活中不可或缺的内容。

唐代迎来了我国乐舞发展史上的又一高峰。这一时期,朝廷在太常寺(掌管礼乐的最高行政机关)下设有太乐署、鼓吹署等乐舞机构,专门掌管宫廷"燕乐"。燕乐用于宴享典礼活动,具有娱乐欣赏和礼仪教化双重作用。唐代的宫廷燕乐以"十部乐"为代表,包括《燕乐》《清乐》《西凉乐》《天竺乐》《高丽乐》《龟兹乐》《安国乐》《疏勒乐》《康国乐》《高昌乐》。其中,《燕乐》《清乐》是中原传统乐舞,其余皆为兄弟民族乐舞,具有鲜明的地方民族色彩。"十部乐"的每一部乐舞都包含舞蹈、音乐、歌唱、演奏等表演形式,是一种大型的、综合的乐舞汇演。

在太乐署之外,宫廷之中还设有教坊和梨园,由皇帝直接派人管理。教坊掌管各种供欣赏的乐舞,梨园则教授和演奏最高水平的歌舞,两者都是融教学和表演于一体的官方乐舞机构。唐代教坊、梨园经常表演的乐舞曲目有《胡旋舞》《胡腾舞》《柘枝舞》《剑器舞》《绿腰舞》《春莺啭》等，既有来自异域的乐舞，也有结合民间歌舞改编和创作而成的新舞。其中，《胡旋舞》以快速矫健的旋转动作为主，舞起来左旋右转，变幻多姿；《胡腾舞》以腾跳动作技巧见长，舞步急促变化；《柘枝舞》舞姿变化丰富，时而婉转绰约，时而矫健奔放；《剑器舞》中舞人执剑而舞；《绿腰舞》以舞袖和腰身动作见长；《春莺啭》乐声如鸟鸣般优美动听。这些乐舞属于小型化的艺术精品，多用于观赏。

唐代《胡腾舞》
（据陕西西安苏思勖墓出土壁画绘制）

唐代最著名的宫廷观赏性乐舞当数《霓裳羽衣舞》。《霓裳羽衣舞》是在吸收和改造传统乐舞的基础上，借鉴了外来的印

度佛曲进行改编而成的。整支舞曲分为"散序""中序""曲破"三个部分。"散序"是乐器演奏部分,"中序"是歌唱部分,"曲破"是舞蹈部分。《霓裳羽衣舞》把当时声乐、舞蹈和器乐的许多精彩内容都纳入其中,集歌舞乐之精华,形成了歌舞相融、独舞群舞结合、独奏合奏相伴的表演风格。

《霓裳羽衣舞》具有极高的艺术魅力和观赏价值,经常被人们选来在宫廷重大活动和宴会中表演。史载,唐玄宗在一次庆祝生日的盛大表演活动中,就曾"令宫妓梳九骑仙髻,衣孔雀翠衣,佩七宝璎珞,为霓裳羽衣之类",舞者全部头梳高髻,衣着华丽鲜艳,周身佩带金、银、玛瑙、珍珠等饰物,全曲终了时,地上散落珠翠无数。(郑嵎《津阳门诗》序)唐玄宗在册立杨贵妃时,也令乐人表演了《霓裳羽衣舞》。杨贵妃还能够

唐代《霓裳羽衣舞》意想画

单独表演这一舞曲。据《杨太真外传》记载,一次唐玄宗在木兰殿与诸王宴饮,杨贵妃于醉中表演了一支《霓裳羽衣舞》,惊艳全场。

唐代民间歌舞也十分发达。当时非常流行一种被称为"踏歌"的民间自娱性歌舞。参加者连手而歌,以脚踏地为节奏,载歌载舞,非常热闹。唐人许多诗作对此有描写,如李白在《赠汪伦》诗中描写友人为他踏歌送别的情景:"李白乘舟将欲行,忽闻岸上踏歌声。桃花潭水深千尺,不及汪伦送我情。"徐铉在《寒食成判官垂访因赠》诗中描写了寒食清明时节在遥远偏僻的村巷所看到的踏歌情景:"远巷蹋歌深夜月,隔墙吹管数枝花。"刘禹锡还曾写过四首《踏歌词》,描写了江南民间的踏歌娱乐风俗。其中一首写道:"春江月出大堤平,堤上女郎连袂行。唱尽新词欢不见,红霞映树鹧鸪鸣。"在月夜下平坦的大堤上,女郎们手挽着手,边歌边舞,一直到月落日出、朝霞映树方才停歇。另据《朝野佥载》记载,玄宗朝的一次元宵节,京城长安组织了少女少妇千余人,在安福门外二十丈高的灯轮映照下,连续三天晚上踏歌不止,"欢乐之极,未始有之"。这种娱乐性极强的群众性踏歌活动一直到晚唐仍很盛行。

泼寒胡戏是唐代另外一种深受民众喜爱的群体性歌舞活动。泼寒胡戏也称"泼胡乞寒",源自中亚和西域等地,带有强烈的"胡风"色彩,最初只在胡人当中流行,后来逐渐在中原百姓中间普及开来。泼寒胡戏有泼水乞寒寓意,一般选择在隆冬季节举行。届时,旗帜飘扬,鼓声震天,人们穿着胡服骑着骏马,有的戴着兽面,有的裸露着身体,成群结队地高唱乐曲,鼓舞跳跃,并相互追逐,泼水嬉戏,喧噪喊叫,尽情欢乐,犹如

两军对阵的阵势,场面异常火爆。(《新唐书·宋务光传》)非常可惜的是,中唐时期朝廷颁布了"禁断"此俗的诏书,这种在中原地区渐成蔓延之势的群众性泼水及歌舞游乐活动就逐渐绝迹了。

  唐代以降,宫廷乐舞渐趋衰退。宋代宫廷乐舞的主要形式是"队舞"。宋代队舞舞人众多,且程式严格,表演人数由数十人至上百人不等,表演程式是先有致语和念诗,后有歌舞奏乐表演,中间有起到衔接作用的问答节目,呈现出唱、念、舞结合的综合化趋势。同时,队舞表现一定的故事情节,表演时还大量使用桌子、酒果、笔墨、莲花和荷花等道具,有着向歌舞戏发展的倾向。宋代宫廷著名的队舞有《柘枝队》《剑器队》《婆罗门队》《醉胡腾队》《菩萨队》《抛球乐队》《采莲队》等。整体而言,这些队舞演出已经远不如唐代宫廷乐舞那样气势庞大。元明清三朝,宫廷乐舞仍然以队舞为主,如元代有《乐音王队》《寿星队》《礼乐队》,明代有《赞圣喜队》《百花圣朝队》《百戏莲花盆队》,清代有《庆隆舞》等。但随着我国古代戏曲艺术的发展,宫廷主要娱乐形式开始转向戏曲,具有礼仪宴乐性质的宫廷队舞已经沦为应付典礼仪式的例行公事,徒具摆设而已。

  与宫廷乐舞日益衰败的发展趋势不同,民间歌舞在我国传统社会后半期则更趋兴盛,出现了专门的歌舞社团和专业的歌舞艺人,歌舞队伍蔚为壮观。例如,宋代杭州歌舞队伍之一的清乐社,就包括了数支分社,每社不下百人;福建鲍老社有三百多人;四川鲍老社也有百余人。(《西湖老人繁胜录》)民间歌舞艺人的表演舞台多选在城市的勾栏瓦舍之内。勾栏瓦舍是民间艺人表演各种技艺的固定场所,不避风雨,不论寒暑,每天都上演多场精彩的演出,观看歌舞表演的人很多。每逢节庆,歌舞艺人就会走上街头,一面游行,一面表演,娱乐大众。据宋人吴自牧《梦粱录》记载,在元宵节期间,南宋临安城(今杭州)的乐舞社团纷纷出动,清音、杵歌、竹马儿、村田乐、旱龙船、十斋郎等数十个舞队齐聚一堂,参与各种表演。清音舞队表演器乐演奏;杵歌舞队表演打夯或舂米劳动时唱的歌;竹马儿舞队舞者腰上系着马形的道具,表演马儿徐行、奔驰、跳跃等动作,边歌边舞;村田乐舞队艺人装扮成农夫,穿簑衣、戴草笠而舞,表现农民劳动的生活场景;旱龙船舞队表演跑旱船,在陆地上模仿划龙船的情景;十斋郎舞队进行滑稽性的人物表演。除此之外,还有一批长期在街头和广场露天演出的歌舞艺人,他们被称作"路歧人",以卖艺为生。

划旱船

明清时期,独具中华特色的民间歌舞如《龙舞》《狮子舞》

《傩舞》《秧歌》《高跷》更是兴盛发达,深受老百姓的喜爱。现在,每逢佳节或集会庆典,我们仍然能够看到舞龙、舞狮、扭秧歌、踩高跷等传统民俗的表演。

清代狮子舞

戏剧:唱念做打总关情

戏剧是综合了音乐、歌唱、舞蹈等艺术形式,进行故事表演的舞台艺术。看戏不仅是现代人喜爱的一种休闲方式,还是古代民众娱乐生活中的一项重要活动。中国戏剧的源头可以追溯到原始社会的歌舞,经过极其漫长的发展过程,直到宋金时代才最终形成完整的形态。宋朝以前的戏剧形式有俳优戏、歌舞戏等,辽宋金元时期出现了杂剧、南戏,明清时期则以传奇、地方戏为主。

俳优戏主要以滑稽调笑的表演来逗人发笑,因此也被称为滑稽戏或者谐戏。俳优戏的主要表演者是"俳优"。"俳优"是对从事此类表演的职业演艺人员的统称。汉代以前俳优戏的演出方式包括调谑、滑稽、讽刺等,并以这种表演风格来博得观赏者的笑颜。如春秋时期楚国的优孟就擅长调谑、讽刺表演。据《史记·滑稽列传》记载,乐人优孟深得楚国丞相孙叔敖的赏识和善待,孙叔敖去世后,他的儿子穷困潦倒以打柴为生,就去寻求优孟帮助。优孟欣然应允,在家中穿着孙叔敖的衣冠,模仿孙叔敖的言谈举止,练习了一年多时间,让人难辨真假。适逢楚王置酒庆寿,优孟就假扮孙叔敖前往,楚王看到他,十分吃惊,以为是孙叔敖复生,欲任命他为丞相。优孟借机向楚王讽谏:"我的妻子对我说,楚国的丞相是不能做的。孙叔敖为丞相之时,尽职尽责,忠诚廉洁,辅佐楚王成就了霸业。可是他去世之后,他的儿子无立锥之地,贫困得只能依靠打柴为生。如果我做了丞相,也像孙叔敖那样,还不如叫我去自杀!"随后,优孟又为楚王唱了一支歌,其中有句歌词大意是:"楚相孙叔敖持廉至死,方今妻子穷困负薪而食,不足为也!"再次向楚王讽谏。这位楚王就是春秋五霸之一的楚庄王。庄王听后深受感动,立即封赐了孙叔敖之子。在这个故事中,优孟模拟人物,用语言、动作、歌唱表现特定的内容,已经具有戏剧表演元素,后世遂把优孟称为戏剧演员的祖师。

汉唐时期的俳优戏,仍然保留了戏谑调笑的表演风格,但在表演内容上更为丰富,在表演形式上更加灵活多样。

如汉代知名的俳优演出剧目《东海黄公》,是由一个演员装扮成黄公,另一个演员装扮成老虎,采用对白、歌唱、舞蹈等形式表演黄公年轻时伏虎成功、年迈时伏虎被杀的故事。(《西京杂记》)另如《三国志·蜀书·许慈传》记载的一次俳优表演:三国时期刘备定蜀后,大臣许慈和胡潜经常为政事争吵不休、互相攻击。为规劝两人,在一次群臣聚会之际,刘备安排两位俳优分别假扮许、胡,模仿他们争吵、攻击时的丑态。表演时俳优先以语言互相攻骂对方,继而以刀杖相见,表演形式既有对白,也有武技表演,直看得许慈和胡潜两人羞愧难当。

再如,唐代俳优李可及名闻天下,"滑稽谐戏,独出辈流"。有一次他身着"儒服纶巾""褒衣博带",为唐懿宗等人表演。一人问:"释迦如来是何人?"李对:"妇人。"又问:"何也?"李对:"《金刚经》云:敷座而座。或非妇人,何烦夫坐然儿坐也。"又问:"太上老君何人?"李对:"亦妇人也。《道德经》云:吾有大患,是吾有身。及吾无身,吾有何患。倘非为妇人,何患于有娠乎?"又问:"孔子何人也?"李对:"妇人也。"又问:"何以知之?"李对:"《论语》云:沽之哉!沽之哉!我待贾者也。向非妇人,待嫁奚为?"(唐高彦休《唐阙史》卷下)这出俳优戏有装扮,有对白,有动作,借谐音拿儒释道三教圣人开涮,笑料十足,逗得懿宗不时地开怀大笑。

唐代还有一些融合歌舞、故事情节的俳优戏,内容随地取材,情节复杂,更具娱乐性。如中唐时期俳优周季南、季崇及妻子刘采春擅长表演《陆参军》,经常在江淮一带的民间巡回演出。《陆参军》是一出根据俳优陆羽的传奇经历改编而成的俳优戏,表演时,刘采春头裹罗巾,手执牙笏,足踏靴子,时而念白,时而歌唱,歌声响彻云霄。刘采春所唱的120首歌曲,都是当代才子所作,朗朗上口。(唐范摅《云溪友议》)唐代类似的俳优戏剧目还有《弄假妇人》《弄婆罗门》《旱税》《刘辟责买》等,都是有化妆、对白、歌舞、伴奏、表情动作和故事情节,表演滑稽戏谑,具有强烈的娱乐效果。

唐代《参军戏》俑
(据西安市南郊出土文物绘制)

歌舞戏是古代戏剧的又一重要形式。与以说唱、戏谑为主且场面不大的俳优戏不同,歌舞戏以故事情节为主,恢宏大气,类似于现代的歌剧和舞剧。汉唐之际,当宫廷和民间的歌舞活动引入人物角色,表现一定的故事情节之时,歌舞戏便产生了。

唐代歌舞戏最为发达,《旧唐书·音乐志》记载:"歌舞戏,有《大面》《拨头》《踏谣娘》《窟垒子》等戏。玄宗以其非正声,

置教坊于禁中以处之。"这些歌舞戏属于散乐范畴,归宫廷教坊管理。

《大面》,又称《代面》或《兰陵王》,取材于北齐兰陵王高长恭征战北周军的故事。史载,兰陵王勇敢,有胆识,但相貌柔美,形同妇人,为在战场上威吓敌人,经常头戴假面上阵杀敌,数立战功。后来受到北齐后主高纬猜忌,被赐毒酒而亡。人们为了纪念和歌颂兰陵王,便把他的事迹搬上舞台,创制了这出歌舞戏。演出时,扮演兰陵王的演员头戴假面,身穿紫衣,腰束金带,手执马鞭,做出各种指挥击刺动作,以表现兰陵王的勇猛善战,同时夹杂着歌唱或说白。

《拨头》又称《钵头》,是从西域传来改编而成的歌舞戏,情节表现的是一个人在其父亲为虎所伤、上山寻找父亲尸首过程中所经历的种种磨难。表演者披头散发,身着丧服,面带哭相,以歌舞来表达丧父之痛。(段安节《乐府杂录》)

《踏谣娘》又称《谈容娘》,取材于民间故事,表现的是一个遭受丈夫殴打的妇女向邻里哭诉冤情的故事。据崔令钦《教坊记》记载,北齐时有个姓苏的人,相貌丑陋,嗜饮酗酒,经常在醉酒之后殴打妻子。他的妻子貌美善歌,遂将满怀悲怨用歌声倾诉给邻里。《踏谣娘》就是根据这个故事改编的歌舞戏。表演时,由一名男性男扮女装,饰演被殴打的妇女(或由女性直接饰演),且行且歌,歌声悲凉,每唱完一段,周围的人还配有帮腔:"踏谣和来,踏谣娘苦,和来!"等到她丈夫上场,两人还作斗殴状,以为笑乐。

《窟垒子》是木偶戏,用木偶模仿人表演各种舞蹈动作,同时有人配唱。

唐代歌舞戏不再是纯歌舞表演,有人物,有故事,舞蹈动作和歌唱内容根据人物及故事情节而创作,演出时还有笛、拍板、腰鼓、两杖鼓等乐器伴奏,含有明显的戏剧意义,也具有很强的娱乐性质,从而深受时人的喜爱。据《全唐文》收录的《代国长公主碑》一文记载,武则天登基称帝之后,在明堂大宴群臣,年仅五岁的卫王李隆范演了一出《兰陵王》,并按当时演出的礼仪,说了段开场白:"卫王入场,咒(祝)愿神圣神皇万岁,孙子成行。"随后,六岁的楚王李隆基(即唐玄宗)男扮女装,舞了一曲《长命女》;十二岁的宋王李成器表演了歌舞戏《安公子》;四岁的代国公主与寿昌公主对舞了一出《西凉》。演出完毕,群臣高呼万岁。武则天年幼的孙儿孙女尚能在登基的盛大活动中表演歌舞戏曲,可见当时好戏之风是多么兴盛。

另据《旧唐书·儒学下》记载,一次唐中宗与群臣宴饮,令他们各展技艺为宴会增添乐趣,工部尚书张锡即兴反串女角,一步一摇,哭哭唱唱地表演了一曲《谈容娘》。位高权重的朝廷高官在宫廷宴集中反串表演歌舞戏,直接反映了这种娱乐形式受到人们喜爱的程度。唐代诗人常非月还有首诗《咏谈容娘》,对民间艺人在广场上演出《谈容娘》的情景进行了描述:"举手整花钿,翻身舞锦筵。马围行处匝,人簇看场圆。歌要齐声和,情教细语传。不知心大小,容得许多怜。"观看演出的人很多,密密麻麻地围成圆场,热闹而又拥挤,这说明歌舞戏在民间也广为流传。

宋元时期,俳优戏、歌舞戏等演出还在继续,同时出现了一种新的戏剧形式——杂剧。杂剧按事先写好的剧本演出,故事完整,人物众多,情节复杂,融歌舞、音乐、调笑、杂技等多种艺术表现形式于一体。宋代杂剧的演出舞台已经有前台和后台之分,整场演出分艳段、正本、杂扮三个段落,三段内容互

不连贯。"艳段"表演的内容为日常生活中的熟事,作为正式部分的引子段落;"正本"是主体部分,表演完整的故事;"杂扮"表演滑稽、调笑,或间有杂技。

宋杂剧的表演,在角色的分布上,已经建立起自己的角色分工体制。末泥("生"的前身)、引戏、副净、副末、装孤(或装旦)等五个行当,是宋杂剧中最基本的行当划分。到了元代,杂剧角色分类更细,达二十多种。如末类(男性角色)有正末、副末、冲末、外末、小末,旦类(女性角色)有正旦、外旦、贴旦、搽旦、大旦、小旦、老旦、色旦,净类(刚烈豪强及滑稽人物)有净、副净、二净、丑;杂类(其他角色)有孤(官员)、细酸(书生)、孛老(老头)、卜儿(老妪)、俫儿(小孩)、邦老(盗贼)等。同时,元代杂剧的结构更为严谨,按"折"呈现。通常情况下,一部戏分作四折,每折都是一个相对完整的故事段落,折与折之间起承转合,共同演绎一个完整的故事。在表现手法上,元杂剧融合了"大曲"艺术,四折由四个完整的套曲构成,每折使用的曲牌属于同一个宫调(宫调相当于现代音乐中的调式),不能掺杂其他宫调的曲子。有时在情节不够连贯或不适合用套曲来表现的地方,多加一个楔子,形成"四折一楔子"情节结构。楔子用一支或两支散曲,一、二、三、四折之前均可出现,位置比较灵活。宋元时期,比较著名的戏剧形式除了杂剧之外,还有金代院本和宋元南戏(又名温州杂剧),它们自成一体,与杂剧略有不同。

杂剧极大地丰富了人们的精神文化生活。宫廷教坊有专门的杂剧班社,演艺人员由具有"乐籍"的官伎、乐户组成,在宫廷集会时演出,观众多是宫廷贵族、文武百官及其家眷。城市之中,有专门的杂剧演出团体,称为"甲"或者戏班,由民间专业艺人组成,经常在勾栏瓦舍、神庙戏台等场所为城市居民奉献一场场精彩演出。即便在农村,一些庙宇前面也建有"舞厅""乐亭""舞楼""露台"等舞台,每逢庙会各色杂剧艺人齐登舞台,为赶庙会的农民表演。此外,还有一些活跃在城乡的"路岐人",他们表演杂剧时没有固定的演出场所,随处作场。相当频繁的杂剧演出,既满足了城乡民众文娱活动的需求,使其成为群众喜闻乐见的一种艺术形式,又锻炼了演员,打磨了作品,提高了戏剧艺术的呈现力和感染力。

元代杂剧演出场景
(据山西洪洞广胜寺明应王殿壁画绘制)

宋元时期涌现出一批著名的杂剧艺人和知名的杂剧剧目。著名艺人方面,见诸史籍的有"花旦"朱帘秀、"温柔旦"张奔儿、"风流旦"李娇儿,善唱的顺时秀、赛时秀等。剧目众多,

不胜枚举,仅《武林旧事》一书刊载的宋代杂剧剧目就有二百八十本,如《相如文君》《李勉负心》《王宗道休妻》《王魁三乡题》等;元代杂剧剧目更多,出现了一批如《窦娥冤》《西厢记》《赵氏孤儿》《汉宫秋》《拜月亭》《梧桐雨》等流传千古的艺术作品。当时,一批文人学者专事杂剧剧本创作,关汉卿、王实甫、马致远等杂剧作家的名号时至今日依然为我们所熟知。

明清时期,杂剧一蹶不振,开始逐步走向衰落。此时,在元代杂剧和南戏的基础上发展而来的传奇则日益兴盛,广受时人的欢迎。"传奇"在唐代是指短篇小说,明清两代的"传奇"是对以演唱为主的长篇戏曲作品的统称。从这一名称上来看,传奇作品具有追求人物、情节的奇异性和新颖性特征。传奇的剧目结构有别于杂剧,改"折"为"出",一部传奇通常在二

明刊《牡丹亭》插图

十出以上、六十出以下,出增多之后,剧目内容更为丰富,也可容纳众多的人物。传奇的角色分行继承了南戏的行当体制,分生、旦、净、末、丑、贴、外七类,其中以生、旦两个行当为主,每个行当之下还有诸多角色细分。在艺术呈现方式方面,传奇糅合了唱、念、做、打四种艺术手段,但更注重演唱,每一个登场人物都可以唱,有合唱、分唱、接唱等,形式灵活自由。明清时期的传奇以浙江的海盐腔、余姚腔,江西的弋阳腔、江苏的昆山腔(昆曲)"四大声腔"为代表,推出了许多脍炙人口的作品,如《牡丹亭》《长生殿》《桃花扇》《劝善金科》《风筝误》《玉簪记》等。

但随着戏曲艺术的蓬勃发展,传奇发展到清代乾隆时期,也开始走向衰落,各种腔调的地方戏纷纷兴起。这些地方戏,当时叫"花部",包括京腔、秦腔、弋阳腔、梆子腔、罗罗腔、二黄调等,以示和"雅部"的昆曲相区别。地方戏在内容和形式上

清代《玉堂春》戏画

更受各地群众的欢迎,更富有生命力。此后,京剧、粤剧、川剧、湘剧、赣剧、晋剧等戏曲剧种也进入人们的视野,成为中华戏曲大家族的重要成员。

明清两代,看戏仍然是宫廷和民间的主要娱乐活动。教坊司直接参与宫廷戏曲的管理事宜,包括组建戏曲班社,培养戏曲演员,兴建演出场所,具体组织宫廷戏曲的演出等。到了清康熙中期,在宫廷中的戏曲活动日渐频繁之际,作为管理演戏诸项事宜的新机构——南府和景山取代了教坊司,专门承

清代临时搭台演戏场

应宫廷戏曲的教授、排练和演出。在清代,宫中自编自演的戏曲剧目不下千种,并且有明确的"月令应承""庆典应承""临时应承"之分,分别在节令活动、庆典活动及平常场合中演出。紫禁城中设有大小戏台十余座,西苑以及西郊畅春园、圆明园、清漪园等园林均有戏台。最大的宁寿宫大戏台共三层,设

绳索机关,演出人员能够在舞台上表现神从天降、鬼自地涌的剧情。比较小的戏台如漱芳斋的室内戏台,宽不及丈,高刚过人,供皇帝后妃等少数人观戏之用。无论是从上述的戏曲剧目数量,还是演出场所的设计来看,都能看到当时宫廷戏曲活动的繁盛局面。

民间亦是如此,各种戏曲班社林立,演出频繁。名门望族、地主富商会私家蓄养戏班,演员多是经过严格戏曲训练的家僮,在主人宴请宾客时演出,有时也作巡回演出,或者被人家借去演出。如明末文学家张岱的家中曾先后组织过可餐班、武陵班、梯仙班、吴郡班、苏小小班、茂苑班(张岱《陶庵梦忆》卷四)。一些热爱戏曲的民间人士也会合资招收艺人,置办服装砌末,成立商业性戏班。清初吴敬梓《儒林外史》写道,南京"门上和桥上"(指水西门和淮清桥)戏班多达一百三十多

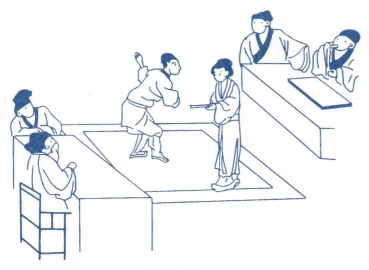

清代堂会演戏图

班,其他大城市的戏班自然也不会少。这些戏班有的固定在城市的戏园、戏馆、戏楼演出,有的长期住在一地供雇主预订,有的终年游走于城市和乡村的舞台,甲地演完,另赴乙地。正是众多艺人的辛勤耕耘和付出,上演了一出出精彩纷呈的好戏,才让民众的娱乐生活丰富多彩起来。

杂技:丸剑跳掷霜雪浮

杂技是表演者依靠自身的身体技巧完成一系列高难动作的表演性娱乐节目,以高、难、险、奇为特征。杂技艺术广受人们的欢迎,观看者在惊叹杂技演员不可思议的表演之余,也能获得身心愉悦的感受。

我国的杂技滥觞于先秦时期。当时虽然没有"杂技"之名,但是已经有了弄丸、跳剑等抛掷类杂技项目。

弄丸是指耍弄圆球,跳剑是指抛掷剑器,两者都是表演者用单手或者双手将两件以上的丸或者剑连续抛向空中,边抛边接,形成一片灿若星辰的景象,令人目不暇接。《庄子·徐无鬼》中记载了一位春秋战国时期的弄丸高手熊宜僚,"市南宜僚弄丸,而两家之难解"。晋人郭象对此注解说,居住在宋国都城市南的勇士熊宜僚,他善弄丸,能够同时上下耍弄九个丸,八个在空中,一个在手上。楚国庄王领兵攻伐宋国时,慕名把他招为己用,熊宜僚披胸受刃,弄丸于两军阵前,宋军停战观看,竟致兵败。多么高超的弄丸技术才足以吸引对战的士兵放下武器注目观看啊!

《列子·说符》对先秦时期的跳剑表演也有记载。宋国有一个身怀绝技游走江湖的人(当时把这类人称做"兰子")求见宋元公,以期得到重用。宋元公接见了他,并让他当众表演技艺。只见这位兰子小腿上绑着两根比身体长一倍的木棍,边走边跑,双手还不停地抛弄着七把宝剑。宝剑在他手上从左到右有条不紊地轮番而过,而空中始终有五把宝剑飘然飞舞。宋元公大为惊喜,马上赐给他金钱和绸缎。剑比丸的体形要大,跳剑原本比弄丸的难度更高,还带有一定的危险性,兰子踩着高跷跳剑,显然比单纯跳剑的难度更大。

到了汉代,"百戏"兴起,杂技在百戏中占有重要的地位,专由乐府职掌。汉代的杂技项目颇多,除了弄丸、跳剑以外,较为流行的还有寻橦、走索、冲狭、叠案、弄瓶、顶碗等。在山

汉代弄剑图
(据山东沂南汉画像石绘制)

东沂南汉墓出土的画像石上,刻有一位老人赤膊赤足弄丸剑图。他右手将三把短剑抛向空中,左手执一把短剑,同时还屈膝后踢,并从背后飞起五个小球。这可能是丸剑同弄的高难惊险动作,比起熊宜僚弄丸、兰子跳剑的技艺更加高明,更加难练。

寻橦属于杂技中的竿伎表演项目,表演形式是一名艺人用手托住一根长竿,其他多名艺人沿竿攀爬,在竿上进行各种惊险的空中表演;或者把长竿置于地上、车上,艺人在竿上表演各种险技。沂南一汉画像石呈现的竿伎表演更为复杂:一位艺人额上顶着一根十字形的长竿,竿上横木的两端有两个小儿,全身倒悬,在空中翻转;竿顶端放着一个圆盘,有一个小儿正用腹部撑在圆盘子上高空旋转。他们表演的是额上寻橦。

汉代戏车寻橦图
(据河南新野汉画像砖绘制)

走索又叫走绳,即在高空绳索上表演各种高难惊险动作。据蔡质《汉仪》记载,每年元旦大朝会都有百戏表演,其中走索表演是:"以两大丝绳系两柱,中头间相去数丈,两倡女对舞,行于绳上,对面道逢,切肩不倾。"即把两根粗绳固定在木柱上,两位女艺人分别从距离数丈远的绳子两端向中间行走,相逢切肩避让时,娴熟的走索技艺也让她们不会从绳子上掉落。民间艺人的走索表演更惊险,如沂南汉画像石上的走索图像,是在地上立两个三脚架,横系一根粗绳,绳头固定在木柱上,绳上有三个女艺人在表演,绳下倒插着四把尖刀。中间一个艺人双手撑绳倒立,站在绳两端的两个艺人,手中分别拿着木戟,举足向绳中间走去。

汉代走索图
(据山东沂南汉画像石绘制)

冲狭是类似钻圈的杂技表演,东汉张衡《西京赋》中提到的"冲狭燕濯,胸突铦(xiān)锋",指的就是这一杂技项目。根据三国时人薛综的解释,汉代的冲狭是指用一个竹席卷成圈环,环上插刀矛等兵器,刃尖向内,表演者从环中飞身穿越而过。(《六朝文选·西京赋》李善注)由于圆环空间比较狭小,所以叫"冲狭"。

叠案是在桌、凳等物上表演倒立的杂技,其表演形式是艺人先在一个案上表演,然后逐渐累叠,增加案的数量,而表演如故。在四川德阳县出土的画像砖上,有一个艺人在六案之上表演倒立,旁边一人手扶叠案,故作惊骇状,给人以惊险之

感。在四川彭县出土的画像砖上,还有一位头梳双髻的女艺人在重叠的十二个案上表演倒立,以双手着案,弯腰,脚后伸,脸向上,其表演难度可想而知。

由上可见,汉代的杂技项目众多,在技巧和惊险程度方面都已达到了相当高的水准。汉代的杂技演出,并不局限于皇室、内廷,民间的杂技演出活动也很风行。欣赏这些丰富多彩、争奇斗妍的杂技节目,成为当时人们休闲娱乐的一个重要方面。

经过魏晋南北朝三百六十多年的大动荡和民族文化的大融汇,至隋唐时期,杂技艺术空前繁荣,既有中国传统的杂技娱乐项目,也有从周边地区和外国传入的内容,名目繁多,形式别致,变化多端,成为宫廷和民间共盛的艺术。据《旧唐书·音乐志》记载,隋唐时期的杂技项目有舞盘、长跷、掷倒、跳剑、吞剑、舞轮、透飞梯、走索、戴竿、弄椀(wǎn)等,内容相当丰富。兹举几个例子来展现隋唐杂技艺术的繁荣。

隋大业二年(606年),突厥可汗来朝,隋炀帝为了向客人夸耀,于是搜罗天下的散乐百戏,在东都洛阳芳华苑的积翠池畔举行了一场盛大的演出,其中就有一些杂技艺人的表演:"以绳系两柱,相去十丈,遣二倡女对舞绳上,相逢切肩而过,歌舞不辍";"并二人戴竿,其上有舞,忽然腾透而换易之"。(《隋书·音乐志》)这两项表演即是上文所说的走索和寻橦(也叫戴竿),但与汉代相比,增加了表演难度,艺术水平也有所提高。如走索艺人能够在粗绳上面行走的时候表演歌舞;两位艺人同时表演戴竿,竿上的表演艺人还能够凌空飞跃,相互转移到对方的竿上。隋朝举办这次大规模的演出之后,在每年正月的万国来朝之日,隋炀帝总是在端门、建国门外设置戏场,"自海内凡有奇伎,无不总萃",演出从早上直至深夜,时间从正月初一持续到十五,"百戏之盛,振古无比"(《隋书·炀帝纪》)。

唐代亦是如此。唐人封演在《封氏闻见记》中记载了盛唐时期一次精彩的走索表演活动。开元二十四年(736年)八月五日,唐玄宗在御楼前组织了这场演出:先是在地面上树立两根木柱,中间拉起绳子,使绳直如弓弦;两根木柱上另外各系一根长绳,相向拉伸,绳子另一端分别系在埋于土中的大鼎上。然后众多女艺人自绳子的两端蹑足而上,在绳上行走如履平地,"往来倏忽之间,望之如仙"。表演的花样,除了传统走索中两个艺人相向侧身而过、翻身倒立等动作外,还有艺人脚穿木屐走索,足踩五六尺高的高跷走索,在绳子上"蹋肩蹈顶"表演叠罗汉等新招式。表演的过程中,有音乐伴奏,艺人合着鼓点节奏从容表演。这时走索的表演内容非常丰富,水平也很高超,观众看过之后,直呼"真奇观也"。

唐代宫廷贵族也参加杂技表演。据崔令钦《教坊记》序记载,唐玄宗曾成立一支王府戴竿队,命他的哥哥宁王李宪率领,与太常寺戴竿队进行过表演比赛。当时,戴竿表演通常分两队进行,以角逐优劣,称为"热戏",非常受人们的欢迎。太常寺作为主管宫廷乐舞活动的机构组建有专门的戴竿队。与王府戴竿队比赛时,王府队先出场,"一伎戴百尺幢,鼓舞而进"。轮到太常队出场,所戴竿更长,有一百多尺,超出王府队的一半还要多,他们平衡竿木的技巧和前进的速度也比王府队更为快疾。助威的太常乐队鼓声大作,群起欢呼,以为必胜无疑。玄宗眼见形势对王府队不利,遂命五六十个宫廷内侍,怀中分别藏匿着铁马鞭、骨挝(zhuā)之类的器物,站到太常寺乐人的身后,等到他们再次雷鼓欢呼时,取出藏匿之物对太常

寺乐人一顿乱捶。太常队戴竿者受到干扰,所戴之竿无法再保持平衡,左右不停地摇晃,结果从中间折断,败下阵来。一旁观看的玄宗抚掌大笑,太常寺艺人也连连向玄宗和王府队道贺。对于这次有趣的戴竿比赛,诗人张祜还专门写了一首《热戏乐》诗来描述:"热戏争心剧火烧,铜槌暗执不相饶。上皇失喜宁王笑,百尺幢竿果动摇。"从诗中也能感受到戴竿比赛的激烈和玄宗的争胜心理。

在唐代达官贵人出行的仪仗队中也能看到杂技表演。唐代敦煌莫高窟壁画中有一幅《宋国夫人出行图》,从图中可以

宋国夫人出行图
(据敦煌莫高窟壁画绘制)

看到，在长长的出行队伍中，有许多艺人在表演杂技、歌舞和马戏。走在最前面的是戴竿艺人，身穿连身衣裳，外套半臂，白裤乌靴，头顶一根长竿，边走边演。在竿上端有块横木，呈十字形，竿顶尖有一名艺人双手握竿，正起大顶。横木左端一名艺人单手抄木，身子下垂，悬在空中，右端一名艺人双手握横木右端，身子下垂，将右足蹶起。在横木下方的长竿上，还有一名艺人用单臂两足挟竿，做旋转动作。竿上四人的杂技表演，姿势各异，俱尽其妙。把杂技表演融入出行仪仗中，体现了唐人对杂技的重视，也从一个侧面反映出有唐一代杂技十分风行。

唐代以降，宫廷杂技日趋衰落，许多宫廷杂技艺人流入民间，民间杂技艺术开始呈现蓬勃发展的态势。宋代吴自牧在《梦粱录》中说："又有村落百戏之人，拖儿带女，就街坊桥巷，呈百戏使艺。"这些民间艺人有的在勾栏瓦舍中演出，有的在城镇乡村中"撂地摊"谋生，一些技艺高超的艺人，也被邀请去做富室贵家的堂会演出和逢年过节的行香走会的表演。尽管他们生活凄苦，终年四处漂泊，但出于对杂技的挚爱和对人生的追求，他们保持和发展了自己的艺术，在技艺上精益求精，开发创造了许多的优秀杂技节目，如踢瓶、弄碗、踢磬、踢缸、踢钟、踢墨笔、弄斗、弄枪、弄花鼓椎、擎戴、飞铍、柔术、高跷、旋盘、耍坛子、舞流星、透剑门、折筋斗、飞弹丸等，都是人们喜闻乐见的杂技节目。有些杂技艺术还被当时流行的戏曲表演所吸收，为戏曲艺术繁荣作出了贡献。可以说，到了明清时期，中国杂技经过几千年的发展，已经是门类齐全、技艺精湛，为中国现代杂技的形成奠定了坚实的基础。

娱乐生活——身心的游弋

踩高跷

魔术:亦真亦幻显神奇

魔术是以带给观众惊奇体验为核心的一种表演艺术。表演者通常运用道具和手法制造出种种变幻莫测的假象,给人以惊险刺激、亦真亦幻的艺术享受。古往今来,魔术都深受人们的喜爱,是娱乐生活中一种重要的观赏性活动。

魔术在我国有着悠久的历史。我国古代把魔术叫做"幻术"或"眩术",把魔术表演者称为"幻人"或"眩人"。据史料记载,周成王时,南方有个叫扶楼的国家,其人善于"机巧变化",能够做"易形改服""兴云起雾""吐云喷火""化人为兽"等幻术表演,"神怪歘忽,炫丽于时"(东晋王嘉《拾遗记》)。周穆王在位时,有位来自西域的"化人"(即幻人),可以表演"入水火"(出入水火)、"贯金石"(贯穿金石)、"乘虚不坠"(悬空不坠)、"触实不碍"(穿墙入壁)等幻术,"千变万化,不可穷极"(《列子·周穆王》)。可见,早在先秦时期就有一些来自南方和西域诸国的幻人在中原大地上表演幻术了。

延及汉代,魔术与俳优戏、杂技等其他娱乐表演项目一样,获得了极大发展。这一时期,在宫廷组织的百戏演出之中,经常能够看到幻术师表演的幻术节目。例如,西汉武帝在招待来京师的外国客人时,曾在上林苑平乐馆举行过一场盛大的百戏演出,其中就有"鱼龙曼衍"这一幻术表演。(《汉书·西域传》)东汉时期,每年正月初一,天子亲临德阳殿,接受百官朝贺,鱼龙曼衍等幻术表演仍然是例行的百戏演出项目。鱼龙曼衍属于大型综合性幻术表演,由"鱼龙"和"曼衍"两个幻术相连而成。

据蔡质《汉仪》记载,鱼龙幻术表演时先由事先装扮好的一头舍利兽出场,在庭中戏乐;戏毕,舍利兽跳跃到庭前水池中,并在激起的水势腾涌飞溅之际,化作一条巨大的比目鱼;比目鱼在水中游泳欢跃,漱水喷雾,一时间水雾迷蒙,遮天蔽日。继而,比目鱼又化作一条八丈长的黄龙,从水中游出,在庭中舞动,炫耀夺目。整个表演是在水花和水雾的掩饰下完成兽变鱼、鱼变龙等关键的变幻动作。

汉代鱼龙变化图
（据山东沂南汉画像石绘制）

曼衍又作曼延或蔓蜒。据张衡《西京赋》的描写，曼衍幻术也是由一系列鸟兽变幻组成的综合性节目。节目开始时，一条彩扎的、八十丈长的巨兽"蔓蜒"出场舞动，忽然在巨兽背上变幻出神山景物；然后熊、虎、猿猴、象、大雀等鸟兽纷纷登场，围在巨兽周围作各种表演，如熊虎互搏、猿猴腾跃、大象给小象授乳等；又有大鱼变长龙、舍利兽变鹿车的幻术表演，整场演出奇幻恍惚，变幻莫测。鱼龙曼衍以巨大的道具装置和众多艺人共同参演而著称。

两汉时期，自张骞通西域以后，中西交通更为便利，中外文化交流日益密切和频繁。据《史记·大宛列传》记载，汉武帝元封三年（公元前108年），黎轩、条支（古代罗马）等地随安息使团来朝,把一些善于表演"口中吹火""自缚自解"的眩人进献给了汉朝。据《后汉书·西南夷传》记载,东汉安帝永宁元年(120年),掸国(今缅甸)献大秦幻人,"能变化吐火,自肢解,易牛马头"。这些来自西域甚至其他国家的幻术表演者会在朝野各类演出中献技,表演吞刀、吐火、肢解、易头、自缚自解等幻术节目。

魏晋时期,异域幻术表演在中原地区仍很兴盛。东晋干宝《搜神记》详细记述了西晋永嘉年间一次天竺胡人(印度人)进行的幻术表演。这位幻术表演者首先表演了断舌复续术:表演伊始,表演者先把舌头吐出来给观众看,然后用刀截断,血流遍地;接着表演者将截下的半段舌头放在容器中,传给观

吐火表演
(据《信西古乐图》绘制)

众检视,观众确认以后,他又将半段舌头取回放入口中;等到他再次把舌头吐出给观众看的时候,舌头已经完好如初。其次表演了断绢还原术:表演者拿出一块绢布,与观众各执一头,用剪刀从中间剪断,然后把剪断的两块绢布合在一起,瞬间又变成了一块整绢布。最后还进行了吐火表演:先取火一团含在口中,吹呼几次之后,张口能看到他口中满是火焰;接着拿出书纸、绳缕,用口中的火喷燃直至烧尽;待火熄灭拨开灰烬,被烧过的纸绳依然完整地存在。这次表演惊险刺激,真真假假让人实难分辨,"所在人士聚观",吸引了大量观众前往观看。

魏晋南北朝时期,随着一批方术之士加入了幻术表演的大军,中国的本土幻术也异军突起。方士往往会利用幻术故弄玄虚,以彰显自己在术数方面的才能,并给人造成一种神秘感。三国时的方士介象和左慈都是这样的人物。

东吴人介象有一次与吴王谈论美食,介象认为海中鲻鱼味道鲜美,是最好的菜品。吴王以为鲻鱼虽好,但属海鱼,难以获得,谈论它毫无意义。介象遂让吴王安排人在殿前临时建造了一个方形小水池,里面注满清水,并叫人找来鱼钩鱼饵。介象垂纶于水中,不一会儿工夫,便钓上来一条鲜活的鲻鱼,令吴王十分惊喜。(《太平广记·介象》)介象的这次表演类似于现代空竿钓鱼魔术。

左慈也是深谙此道。《后汉书·左慈传》记载:一日曹操欢宴宾客,席间对众宾客说:"今日高会,珍馐略备,只是缺少吴淞江的鲈鱼。"左慈与座,承应说:"这有什么难的,我可以立时办到。"只见左慈找来铜盘贮满水,以竹竿丝纶系好钓饵,钓于盘中,须臾钓出一条鲈鱼。曹操抚掌大笑,众位客宾皆惊奇不已。曹操又说："一条鱼哪能够那么多人吃呢,可以再钓一些吗?"左慈不断重复刚才动作,在铜盘中钓出数条三尺多长、生鲜可爱的鲈鱼。曹操还不罢休,又说:"鱼已经有了,但还缺少姜啊!"左慈如法炮制,又在空盘中变幻许多姜出来。左慈的空竿钓鱼、盘中生姜与当时流行的种瓜、植树、变钱、藏珠、断绳再续一类的幻术相似,都属于手法幻术。

唐代魔术在宫廷和民间都十分发达,不仅将许多古老的传统幻术艺术继承、发展,还推出许多新的内容。宫廷之中,唐政府每逢元日集会,仍然会以鱼龙曼衍来招待外宾和娱乐百官;两三年就要举行一次的春日赐宴,每次也要连续三天表演鱼龙曼衍之戏(《唐语林》卷七);其他重大节日或者庆典,宫廷也会组织各种大型的幻术表演。

唐代时还将魔术与歌舞融为一体,形成了一些特色节目。如从朝鲜传入的"入壶舞",是一种缸中遁人表演,方法是在表演场地上放置两张四脚方形矮桌,并分别在每张桌子上放置一个扁圆形大肚细口的坛子,一人从右边的坛子口钻进去,两只脚朝天,上身和一半下身隐入坛子口内,继而左边的坛子中突然钻出一人,双袖举起,好像要从空坛子口中冲出一般。又如唐代的"入马腹舞",也是一种遁术表演,人从马后钻入马腹,然后又从马嘴里钻出头来。"饮刀子舞"是一种吞刀表演,表演者仰面张口,双臂上张,将一把长刀慢慢吞入口中。

唐代民间幻术内容更为丰富。唐蒋防《幻戏志》记载:江南的民间幻术艺人马湘擅长表演种瓜、变钱等幻术。表演种瓜时,"乃于席上以瓦器盛土种瓜,须臾引蔓生花结实";表演变钱时,"于遍身及袜上摸钱,所出钱不知多少,……撮投井中,呼之一一飞出"。又据《酉阳杂俎》卷五记载,江淮术士王

琼在宴饮时表演过画龟成活幻术。王琼先让客人取一瓦片，画作龟甲形状，揣入怀中。大约一顿饭的工夫取出，就变成了一只龟。将龟放于地上，龟竟然能顺着墙边爬行。过了一夜，龟又变成了瓦片。又据《仙传拾遗》记载，方士罗公远和梵僧金刚三藏都擅长变化幻术。一次唐玄宗驾临功德院，忽然感觉背部发痒，罗公远顺手折下一根竹枝，立刻化作七宝如意进献给皇帝。金刚三藏在一旁也不甘示弱，随手就从袖子里掏出一支光彩耀目的七宝如意，而刚才罗公远所献的那一支如意又立即变回为竹枝。又据尉迟偓《中朝故事》记载，唐懿宗时有一个幻术艺人，带着一个十几岁的小孩，在坊间表演断首再续幻术，他先将小孩卧在地上，用刀将其头颅割下，再接在脖颈上，然后向围观的人要钱。当收到钱后，他就大喝一声，小孩便应声而起，安然无事。诸如此类的记载不胜枚举。有时这些神奇的幻术表演为时人所不解，会被视为"妖术""邪术"而加以禁止。

　　两宋时期，幻术形成了手彩、撮弄、藏挟、大套幻术几个门类。

　　手彩不需要繁杂的道具，也不靠机关道具来遮人耳目，仅凭着艺人双手的灵敏动作，便可以使较小的东西，如泥丸、小丝包、铜钱、钢球、核桃等物，随意变出或变去，给人以奇妙的感觉。撮弄与手彩相近，也是靠手技表演，不同的是它有时需要带有机关的小道具，追求出奇制胜的表演效果。当时最流行的手彩幻术是"泥丸"，撮弄幻术有从一盆花中变出名贵药材的"圣花撮药"、在空碗里变出米酒的"撮米酒"、在空盒或空箱中变出小鸟或鸽子的"撮放生"等，无论变出什么，都让人觉得妙不可言。

藏挟是表演者将所要变的东西藏在身上，随变随取，仿佛空手拈来，或者藏在道具的夹层内，靠小机关随意变幻，令人感到神秘莫测。技艺精湛的藏挟表演者可以借助宽大的服装掩饰，在身上藏起十多件大小不等的物品，甚至可以藏活物、火盆等。

大套幻术是多种幻术放在一起表演，有时会融合歌舞、使用烟火、声响营造舞台效果。宋代最著名的大套幻术当数杜七圣发明的"七圣法"（或称七圣刀），轰动了数百年。宋人孟元老《东京梦华录》对七圣法的表演形式略有记载：北宋末年徽宗赵佶在东京汴梁城内登宝津楼上观看左、右军的百戏表演，在演出的中间，在爆仗响声和浓烈的烟火映衬下，突然涌出七名披发文身的人，他们身穿"青纱短后之衣，锦绣围肚看带"，其中一人头戴金花小帽，手执白旗，其他六人皆佩戴头巾，全部手持真刀，进行格斗、击刺及"破面剖心"表演，谓之"七圣刀"。从这段记载来看，似乎七圣法幻术是七个人联合演出，一人执旗指挥，其他人做破面、剖心甚至断头等惊险刺激的表演。

明清时期开始把魔术称为"把戏"或"戏法"，宫廷之中已经很少能够看到这类演出，它主要在民间发展，并达到了前所未有的成熟阶段。明代的筒子表演是民间广为流传的一种手彩戏法。表演者使用三只没有底的空套筒，将其套来套去，立刻就会从筒中变出蔬菜、水果、杯碟等生活中常见的物品。

明代筒子戏法表演
（据明代《宣宗行乐图》绘制）

明代陈眉公编撰有《神仙戏术》一书，收录了明代幻术二十余种。清末唐再丰的《鹅幻汇编》记载的戏法更多，多达三百二十套，比较知名的魔术节目有彩法门（主要靠道具机关来变幻）的"招财进宝""万米归仓""双碗堆花""绣鞋变雀"，手法门（手彩）的"种瓜即生""芝麻变鱼"，丝法门（靠丝线拉动机关变幻）的"仙人走线""牵丝彩骰"，搬运门（靠物体挪移变幻）的"移花接木""奇巧焰火""平地牵羊"等。民间魔术的繁华昌盛，极大地丰富了民众的娱乐生活。

 技艺竞技

　　技艺竞技是一种人们主动参与的、含有竞技性质的娱乐方式，它兼具竞技性和娱乐性，融参与、表演、观赏于一体。在我国传统社会，竞技娱乐是人们娱乐生活的重要内容，有蹴鞠、击鞠、捶丸等球类运动，也有相扑、扛鼎等赛力项目，还有以技巧为主的射箭比赛。这些竞技娱乐项目通常具有极强的对抗性，竞技过程激烈而刺激，能够给观看者带来视觉享受。

蹴鞠：画球轻蹴壶中地

足球运动是目前世界上参与度极广的一种球类活动，也是人们娱乐休闲的一种重要方式。足球和中国颇有渊源，目前国际足联已经确认足球起源于中国，"蹴鞠"是最早有史料记载的足球活动。"蹴"指用脚踢，"鞠"是皮制的球，"蹴鞠"就是用脚踢球的意思。在中国古代，蹴鞠又称蹋鞠、蹴球、蹴圆、筑球、踢圆等。

蹴鞠

西汉人刘向在他所著的《别录》一书中记载："蹴鞠者，传言黄帝所作，或曰起战国之时。"相传在4600多年前，中原的黄帝部落与南方的蚩尤部落在今天的河北涿县进行了一场战争。这场大战打了许多年，后来黄帝部落取得胜利，擒杀了蚩尤，并将蚩尤的胃塞满毛发，做成球让士兵们踢，据说这就是蹴鞠运动的起源。不过，蹴鞠为黄帝所创只是传说而已，有确切史料记载的蹴鞠活动出现在战国时期。据《史记·苏秦列传》记载，纵横家苏秦向魏王介绍齐国的繁荣景况时说：齐国首都临淄的居民生活富足，那里的居民喜欢音乐，经常演奏各种乐器（如吹竽、鼓瑟、弹琴），除了斗鸡、走狗、六博之外，还喜欢蹴鞠。可见，这一时期，蹴鞠至少在齐国已经出现。

两汉时期，从平民到贵族阶层，蹴鞠都受到了普遍欢迎。正如桓宽的《盐铁论》所说，西汉社会承平日久，"贵人之家，蹴鞠斗鸡"，普通百姓也是"康庄驰逐，穷巷蹴鞠"。汉高祖刘邦的父亲刘太公就喜好这项运动。晋代葛洪《西京杂记》一书记载了这样一个故事：在刘邦打败西楚霸王项羽做了皇帝之后，刘太公成了太上皇，过着锦衣玉食的生活，可是他却终日闷闷不乐，好像满腹心事。一问才知，刘太公以前在家乡时别无所好，就是喜欢斗鸡、蹴鞠，经常同一些杀猪屠羊、沽酒卖饼的好友在一起踢球取乐。自从住进宫中以后，没有人陪他斗鸡、蹴鞠，所以高兴不起来。刘邦为了讨父亲的欢心，命人仿照老家丰邑（今江苏丰县）改建了一座"新丰"城，并且将父亲的家乡旧友迁至新丰，于是刘太公又能与这些老友一起斗鸡、蹴鞠了。

汉代皇帝之中，也不乏爱好蹴鞠者。西汉武帝刘彻就是这样一位帝王。史载，汉武帝平定西域时，俘获一批蹴鞠高手，便把他们带回宫中为他表演，有时他甚至亲自上场比赛。（《太平御览》引《弹棋经序》）为投汉武帝所好，宠臣董偃曾搜罗天下狗马、蹴鞠、剑客，时常在长安宫苑专门修建的球场（"鞠城"）里表演，"观鸡鞠之会，角狗马之足，上大欢乐之"

(《汉书·东方朔传》)。东汉成帝也酷爱蹴鞠,不但爱看而且爱踢,皇宫中建有含章鞠室、灵芝鞠室等专门的蹴鞠场地,专供成帝使用。大臣劝他不要再踢了,因为蹴鞠运动剧烈,容易伤神劳体,有碍观瞻,"非至尊所宜",但是成帝并未听从大臣的建议,依然蹴鞠如故。后来,大臣发明了一种叫弹棋的游戏,汉成帝的蹴鞠兴趣才得以转移。

上有所好,下必甚焉。当时贵幸大臣、市井子弟也多有爱好蹴鞠者。据《史记·扁鹊仓公列传》记载,西汉时"安陵阪里公乘"项处是一位非常疯狂的球迷,他生病后,名医淳于意嘱咐他,"千万不能做操劳用力的事,做这样的事就会吐血死去"。可是项处不遵医嘱,仍然外出蹴鞠,结果出汗过多,吐血而亡。项处可以说是中国最早的一位铁杆球迷。

蹴鞠在军队中也很受欢迎。刘向的《别录》记载:"蹴鞠,兵势也,所以练武士知有材也。皆因嬉戏而讲练之。"刘歆的《七略》亦云:"蹹鞠(即蹴鞠),其法律多微意,皆因嬉戏以讲练士。至今军士羽林,无事使得蹹鞠。"蹴鞠不仅可以提高士兵的耐力,活动肢体,使战士矫健、敏捷,还可以丰富兵营生活,鼓舞士气,因此,汉代军队对蹴鞠活动极为重视。例如,汉武帝时,骠骑将军霍去病远征塞外,在战事不顺、粮草不济之时,曾率领将士们修筑球场,比赛蹴鞠(《汉书·霍去病传》),以此来提振士气。蹴鞠作为军事训练的手段一直持续到东汉三国时期,这段时间连年征战,人们除了练习骑马、射箭,就是学习蹴鞠(《太平御览》引《会稽典录》)。一些善于踢球的人,还会得到君主们的赏识,如一个名叫孔桂的人,因善于踢球,深得魏武帝曹操的欢心,就留在魏武帝身边侍奉(《太平御览》引《魏略》)。

汉代蹴鞠有两种形式：一种是娱乐表演性质的蹴鞠，踢时不受场地限制，表演者以自己的技巧在音乐伴奏下踢出各种花样。从汉代的画像石（砖）上可以看到，这种蹴鞠有时与舞蹈结合在一起，演变为一种难度很大、舞姿优美的蹴鞠舞。另一种是按照一定规则在球场上进行的对抗性比赛，可以在宫苑中建造的专门球场"鞠城"中进行，也可以在野外比较简陋的场地上进行。东汉李尤的一篇《鞠城铭》对这种形式的蹴鞠比赛进行过描述："圆鞠方墙，仿象阴阳，法月冲对，二六相当；建长立平，其例有常，不以亲疏，不有阿私；端心平意，莫怨其非，鞠政由然，况乎执机。"据此记述，再结合其他史料，大致可知此时蹴鞠比赛所用的球是圆形的，用两片熟牛皮缝合成球壳，里面再填充毛发；球场方形，四周有围墙，场地的两端有新月形的球门，被称为"鞠室"，两两相对，每边六个；比赛采用两队对垒规则，争夺十分激烈，以攻入对方鞠室中的球数多少决定胜负；赛场上设有裁判，按照一定的规则公平执法，不因亲疏远近而有所偏袒。野外的球场没有围墙，在地上挖坑作为"鞠室"。

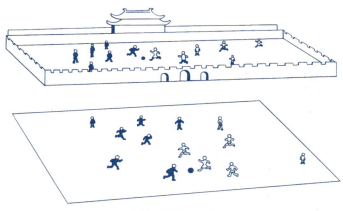

汉代蹴鞠场地及赛况图

娱乐生活——身心的游戏

及至唐代,人们又对蹴鞠运动进行了许多革新,从而使这项运动的娱乐性更为突显,原有的军事训练意义逐渐退居次要位置。首先是改进了制球工艺,改两片牛皮为八片尖皮,缝成圆形的球壳,球壳内填充的毛发也改用动物的膀胱,"嘘气闭而吹之"。改造之后的充气球已经非常接近现代足球的构造,形状更圆,球体更轻,弹性更好,对于长传和远射都非常有利。使用新式球的蹴鞠比赛更为激烈,也更具趣味性与观赏性。同时,唐代改汉代"鞠室"为球门,即将两根高数丈的竹竿树立在球场上,高竿中间编结绳网,在距离地面六七米的高处,网中央开一个圆洞,作为球门使用。

随着比赛用球的改良和球门的出现,蹴鞠运动的规则也发生了变化。唐代蹴鞠玩法分为有球门和无球门两类,有球门玩法又分为双球门和单球门两种形式。

双球门玩法沿袭汉代旧制,分成两队比赛,比赛双方各有球门,比赛中双方队员身体直接接触,左右对攻,拼抢激烈,竞技性极强,最接近现代的足球比赛。唐代仲无颜的《气球赋》

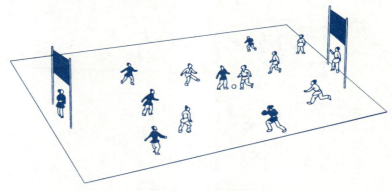

唐代双球门蹴鞠竞赛图

对此有所描述："苟投足之有便,知入门之无必。时也广场春霁,寒食景妍。交争竞逐,驰突喧阗。或略地以丸走,乍凌空以月圆",场面相当火爆。

单球门玩法是唐代首创,把球门置于场地中间,比赛双方隔网相对,没有直接的身体对抗,分别从两边向球门射球,射中球门次数多的一方获胜,比拼的是个人技巧和队友之间的配合能力。和双球门玩法相比,这种玩法的趣味性增加了,激烈性、对抗性却大大降低了。无球门玩法有白打、趯(tì)鞠和筑球三种,都不受场地限制,可以在任意空旷的地面上进行,也没有较多的规则限制。"白打"采取双人或多人对踢的方式,踢起来更为轻松、洒脱、自由,比的是个人球技。趯鞠是以比赛踢高为能事,把球踢得高者为胜,王维《寒食城东即事》诗中说,"蹴鞠屡过飞鸟上,秋千竞出垂杨里",说明当时球踢得是非常高的。筑球是比赛踢球技巧,参赛者可以用足、膝、肩、胸、背、头等不同部位触球,以球先落地者为输。

改良以后的蹴鞠运动深受唐人的欢迎。上自皇帝朝臣,下至平民百姓,无论是朝廷宴乐还是民间休闲,随处可见蹴鞠者身影,甚至皇妃宫嫔、田姑村妇也经常以此为乐。唐代太宗、玄宗、文宗、武宗几个皇帝都喜欢观赏蹴鞠比赛,并沉迷于此,李白《古风》诗"斗鸡金宫里,蹴鞠瑶台边"反映的就是当时宫中蹴鞠的盛况。与汉代时一样,朝廷大臣经常上书劝谏皇帝专心国事,励精图治,远离蹴鞠,"场无蹴鞠之玩,野绝从禽之赏",但这些"任性"的皇帝并不为谏言所动,蹴鞠在他们的生活中从未真正离开过。五代王定保《唐摭言》中记载了这样一个故事:唐文宗时有一位翰林承旨学士,名叫王源中,平日

闲暇的时候常常和弟兄们在家里玩蹴鞠。有一次正玩得热闹,圆鞠突然弹起来打到王源中的额头上,打出一块伤痕。正巧文宗传旨要召见他,王源中匆忙赶往宫中去见皇上。文宗看见王源中头上的伤,问他怎么弄的,王源中就把蹴鞠的事告诉皇上。文宗感慨道:你们兄弟们能经常在一起玩蹴鞠,实在是和睦啊!文宗对大臣戏玩蹴鞠的行为不但不怪罪,反而大加赞赏,说明了唐代帝王对蹴鞠活动的认可和肯定。

  唐代女性也有不少喜欢蹴鞠的。王建《宫词》载"宿妆残粉未明天,总立昭阳花树边。寒食内人长白打,库中先散与金钱",说的就是在寒食节这天,宫中女性天不亮就起来玩"白打"的情景,参加者还能够获赐"白打钱"。唐康骈《剧谈录》中有一则"潘将军失珠"的故事,里面提到了一位善踢球的民间女孩。有一天,长安城收藏家王超找寻潘将军丢失的玉念珠,路过胜业坊北街,"时春雨初霁,有三鬟女子,年可十七八,衣装褴褛,穿木屐,立于道侧槐树下。值军中少年蹴鞠,接而送之,直高数丈"。这位三鬟女子能够接住军中少年踢"漏"的球,而且穿着木屐,一脚"直高数丈",从这位贫家女子的脚上功夫,我们不难想象足球在唐代女子中的开展程度了。

  宋代,蹴鞠运动更为兴盛,普及性更广,比赛规则、形制也更为成熟。宋代主要盛行唐代的单球门玩法和无球门的"白打"踢法。北宋苏汉臣绘有一幅《宋太祖蹴鞠图》,画面描绘的便是宋太祖与弟弟赵光义、宰相赵普等六人用白打方式蹴鞠嬉戏的场景。

宋代单球门蹴鞠竞赛图

宋真宗朝宰相丁谓从小喜爱蹴鞠，也是一位白打高手，曾赋《蹴鞠》诗一首："鹰鹘腾双眼，龙蛇绕四肢。蹑来行数步，跷后立多时。"诗中对他自己的精湛球技进行了形象描写。当时有位叫柳三复的秀才球技出众，能够玩"背装花屈膝，白打大廉斯，进前行两步，跷后立多时"等花样。一次，柳三复想去拜会宰相丁谓，正苦于没有事由，恰逢丁谓在后园蹴球，不小心

宋代蹴鞠图

把球踢出了墙外,柳三复连忙捡起球,用头顶着就进了相府。在拜见丁谓时,只见球在他的头、肩膀、后背等部位起复翻滚、辗转颠簸,如是再三,球都未落地。丁谓见此大悦,赞赏他的球技,遂把他招为门生。(宋代刘邠《中山诗话》)像柳三复这样因球技出名而受到知遇的人在宋代还有很多,最为人所熟知的恐怕非高俅莫属了。

据南宋王明清《挥麈后录》记载,高俅原是苏东坡的小厮,为人乖巧,"笔札颇工",后来苏东坡把他推荐给了驸马都尉王诜。一次,高俅奉王诜之命,送篦刀到端王府中,正碰上端王赵佶在园中蹴鞠。在旁边等待晋见之时,高俅睥睨不已,露出了不以为然之色,于是端王把他叫过来问道:"你也懂蹴鞠之技吗?"高俅说:"会踢。"端王就让他和自己对蹴。结果,端王对高俅出神入化的球技极为赞赏,便把他留置在府中,日见亲信。过了一个多月,端王登基做了皇帝,是为宋徽宗,愈加宠信高俅,对他眷渥甚厚,屡次加官晋爵,升迁至检校太尉。其他蹴鞠的人也想让皇帝给些封赏,徽宗反问道:"你们这些人有高俅那么好的脚法吗?"讨封赏的人一时无言以对。高俅凭借个人卓越的球技,从一介平民跃升至当朝太尉,这样的神奇经历在历史上并不多见。文学名著《水浒传》中的高俅因蹴鞠而荣升的故事应该是据此进行的演绎。

在宋代,专业的蹴鞠运动员和专门的蹴鞠组织也开始出现。宫廷里,皇上、大臣们喜欢蹴鞠,皇宫内组建有男女蹴鞠队。据孟元老《东京梦华录》记载,宋徽宗寿辰天宁节这天,皇城内举行盛大的单球门蹴鞠表演赛,每方队员十余人,各有队长(球头),全部来自左、右军。左军身穿红锦袄,右军身穿青锦衣,双方队长戴长脚幞头,队员戴卷脚幞头,以示区别。球杆高约三丈,上有一尺方圆的球门,每方队员次继颠球数遭,最后传至队长,由队长大脚踢过球门,在球不着地的情况下射中球门次数多的队取胜。胜方获银盌锦彩赏赐,负方队长受鞭打惩罚。比赛时,还有鼓乐队和拉拉队为之助威,竞争激烈,场面壮观。南宋周密《武林旧事》中开列有"筑球三十二人"的详细名单与位置,左、右军各一十六人:左军球头张俊、跷球王怜、正挟朱选、副挟施泽、左竿网丁诠、右竿网张林、散立胡椿等;右军球头李正、跷球朱珍、正挟朱选、副挟张宁、左竿网徐宾、右竿网王用、散立陈俊等。可以看出,这种由专业运动员参加的单球门蹴鞠比赛,规则明确,人员固定,位置清楚,不同位置的队员发挥不同的作用。

另据《文献通考》记载,宋代女子蹴鞠运动比唐代还要发达,宫廷女子蹴鞠队队员多达一百五十三人,衣四色,绣罗宽衫,系银带,踢绣球,球不离足,足不离球,华庭观赏,万人瞻仰。宋徽宗有一次看了她们的蹴鞠比赛,曾赋诗纪念:"韶光婉媚属清明,敞宴斯辰到穆清。近密被宣争蹴鞠,两朋庭际角输赢。"(《宫词》)

民间专门的蹴鞠组织中,水平最高、名气最大、影响最广的当数南宋时期临安城的"齐云社"。齐云社又称圆社,专事蹴鞠教学和组织比赛。明代成书的《蹴鞠谱》称,当时社会上广为流传"若论风流,无过圆社""人都道齐云社,上锦绣独争先"等美誉。齐云社的规矩特别多,诸如:"三不可教",即不聪明、不听话、不诚信的人不教;"十紧要",球员要和气信实、志诚尊重、温良谦让等;"十禁戒",球员要戒赌博、戒争斗、戒傲慢、戒诡诈、戒酒色等,若有触犯会被开除;踢球不许做"人步拐、退步踏、人步肩、退步背"等危险动作。这可以说是我国历

史上最早的民间足球协会了。民间蹴鞠组织的出现,使这项运动更趋于社会化,并逐步普及于民间。另外,据陆游《春晚感事》中的"寒食梁州十万家,秋千蹴鞠尚豪华"诗句可知,蹴鞠已经成为宋代寒食节一项固定的民俗活动。

  元、明、清三代,蹴鞠一改往日的荣耀,不再受到达官显贵及文人士大夫们的重视,转而走向了衰败。元代之时,主流社会已经对蹴鞠运动流露出鄙夷的态度。元武宗曾想赐给一位有着高超技艺的蹴鞠者十五万贯的重赏,结果却遭到丞相阿沙不花的反对:"以蹴鞠而受上赏,则奇技淫巧之人日进,而贤者日退矣,将如国家何?臣死不敢奉诏。"(《元史·阿沙不花传》)在这里,蹴鞠运动成了"奇伎淫巧"之类的不入流活动。大臣王结还把蹴鞠和游手好闲、不务正业联系在了一起,对贵族子弟的蹴鞠击球、歌酒观戏等行为提出尖锐批评,认为长此以往,终将"家户荡废,贫穷窘迫"(《文忠集》卷六)。而民间的蹴鞠运动,由于受到朝廷禁止民间"学习枪棒""聚众迎神赛会""集市买卖"类结社政令的压制,蹴鞠会社及正规的、大型的蹴鞠比赛都一蹶不振,仅存女伎蹴鞠娱客和一些非对抗性的蹴鞠表演活动。

  明代官方更是对蹴鞠运动明令禁止。明太祖朱元璋曾把踢球和误国联系到一起,颁旨禁止军人蹴鞠:但凡在京军官军人,学唱的割舌头、下棋打双陆的断手、蹴鞠的卸脚(明代顾起元《客座赘语》)。龙江卫指挥伏颙和本卫小旗姚晏保踢球,便被砍去了右脚,全家发配到云南。朱元璋之后,朝廷禁止蹴鞠的法令略有松动,具有表演性质的蹴鞠活动重新受到重视。如明代的《宣宗行乐图卷》中有明宣宗观看蹴鞠艺人表演的图景;画家杜堇也有一幅《仕女图》表现仕女蹴鞠的画面,图中有几个仕女在玩蹴鞠游戏，其中一人正腾身以足踢球，旁边两人正在聚精会神地盯着被踢起的皮球，画面生动有趣。

明代蹴鞠图
（据明《宣宗行乐图》绘制）

明代仕女蹴鞠图
（据明代杜堇同名画绘制）

到了清代,宫廷娱乐以马上项目和冰上项目为主,蹴鞠仅在民间流行,史籍上有关蹴鞠活动的记载几不可见。延至清代中叶,随着西方近代足球的渐次传入,中国传统的蹴鞠活动最终被西式足球所取代。

击鞠:跃骑马上竞风流

"击鞠",又叫"击球""打球",是一种骑在马上持杖击球的集体性运动,现在人们称之为马球。关于我国古代击鞠的起源,目前还没有定论。一种是外来说,认为是在唐代时由波斯传来的,也有人认为是从吐蕃传入中原的;另一种是自创说,认为是我国中原人自己创造的,是在蹴鞠的基础上发展而来的。

放下击鞠起源于何地不论,击鞠在唐代时已经出现并走向兴盛则是不争的事实。《资治通鉴》卷二百零九记载:"上(指唐中宗)好击球,由是风俗相尚。"在唐中宗的影响下,当时许多皇亲国戚、达官显贵、军队将士、平民百姓都纷纷参加击鞠活动,一时蔚然成风。例如,唐中宗当政时,吐蕃派使者来长安迎娶金城公主,中宗专门安排这些吐蕃使者一起观看击鞠比赛。吐蕃人原本擅长击鞠,观看之余建议与唐人比试比试。于是,中宗"令仗内试之,决数都,吐蕃皆胜"。中宗见势不妙,急忙派临淄王李隆基与嗣虢王李邕、驸马杨慎交、武崇训四人上场,对阵吐蕃十人。只见李隆基在场上"东西驱突,风回电激,所向无前",最终唐人队大获全胜,就连吐蕃大臣也对李隆基的击球技艺赞不绝口。(唐代封演《封氏闻见记》)其实,皇族子弟李隆基在青少年时就迷恋击鞠,当时盛传一首民谣中有"三郎少时衣不整,迷恋马球忘回宫"之言,"三郎"指的就是李隆基。当了皇帝以后,唐玄宗李隆基仍然耽乐于击鞠,经常去雍和殿与诸王击球。有一次,唐玄宗和诸王击球,荣王不慎从马上坠下来,晕倒在地。大臣黄幡绰规劝玄宗说:"皇上您年纪已高,圣体又重,倘若马力既极,以至颠踬(跌倒),天下何望?何不看女婿等与诸色人为之。"玄宗回应道:"尔言大有理,后当不复自为也。"(王谠《唐语林》卷五)唐玄宗事后是否真的如他所说不再亲自上场打球了,我们不得而知,但像玄宗这样喜好击鞠的皇帝还大有人在。

唐穆宗李恒就颇有玄宗风范,喜好击鞠,经常观看击鞠比赛,也不时地上场一试身手。有一天,穆宗像往常一样在宫中与一群侍从击鞠,突然一名侍从好像是被球杖击中,欻然坠马。穆宗十分恐慌,比赛随即中止。由于受到惊吓,穆宗下马后竟然路都走不动了,昏昏沉沉地躺在床上,三日不能上朝。(《旧唐书·穆宗纪》)唐敬宗李湛对击鞠也很着迷,朝野之中但凡擅长击鞠的人都能得到他的恩惠,封官晋爵,随侍左右。宫廷宣徽院和教坊的人员都是从左右神策军或者是里闾恶少年中选出的,敬宗经常与他们在殿中击鞠戏乐,各地官员也"争以骁勇进于帝"。(《新唐书·敬宗纪》)唐宣宗李忱还是一位击鞠高手,"弧矢击鞠,皆尽其妙"。他所骑的马异常矫捷,"衔勒之外,不加雕饰"。在骏马迅若流电的快速驰骋之际,宣宗能在马上手持鞠杖,乘势奔跃,运鞠于空中,连击数百次,左、右军中的打球老手们都为之叹服。(《唐语林》卷七)唐代的另一

个皇帝唐僖宗李儇对击鞠更为喜好,乐此不疲,一次在宫中球场上击鞠,玩法多样,球技高超,姿态优美,博得众人一致喝彩。休息之时,他问身边的一个伶人:"依你看,我击鞠如何?"伶人称颂一番,僖宗十分得意,说道:"倘若开设'击球进士举',朕去应考,必定能中状元!"伶人笑着回应:"那要看是谁主持考试了,倘若是礼部侍郎担任主考官,状元自然非陛下莫属;倘若是尧舜禹汤担任主考官,那陛下恐怕就要落第了!"僖宗听后大笑。从上文可以看到,唐代多位帝王都非常喜欢击鞠运动,正是由于他们对击鞠的酷爱与倡导,推动了唐代击鞠运动的发展。

　　唐代章怀太子李贤墓道的西壁上曾发现一幅大型彩色壁画《打球图》,现存于陕西省博物馆中。画面上有正在跑动的二十余匹骏马,体态丰满,细尾扎结;骑马人头戴幞巾,脚穿长靴,手执鞠杖。一位骑枣红马的骑手跑在最前面,高举鞠杖,侧身向后击球,球在场中滚动,后面几个骑手驱马争抢。这幅壁画生动地再现了1200多年前唐代宫廷击鞠比赛的激烈场景。

唐代打球图
(据章怀太子墓出土壁画绘制)

唐代击鞠运动在军队中也非常盛行。唐人阎宽《温汤御球赋》说："击鞠之戏者，盖用兵之技也。武由是存，义不可舍。"也就是说，击鞠是训练士兵的一种手段，其间包含着尚武精神和义礼规范。击鞠运动能够增强军人策马控驭的技艺，锻炼身体素质，培养灵敏机智的反应能力，提高骑兵的实战水平，所以备受军队各级将帅的重视，并把它作为军事训练的方法在军队中推广。经过长期的训练，军队中不乏技艺高超的击球能手。如德宗建中元年（780年），河北有一位姓夏的将军，在击鞠场地中央摞起十余枚铜钱，他骑马飞驰中手持鞠杖击打，每一击都能十分准确地打中一枚铜钱，飞出六七丈远。(《酉阳杂俎》卷五) 神策军更是击鞠高手辈出的地方。神策军是唐代皇帝的警卫部队，随侍皇帝左右，随着击鞠运动的兴起，也经常陪皇帝击球娱乐。据五代刘崇远《金华子杂编》卷上记载，周宝和高骈都是神策军打球军将，二人"击拂之妙，天下知名"。周宝最初在军中，性格强毅，莫肯折节，逮将中年，犹处下位，后来因为击鞠技术高超，"独以领球子供奉者，前后凡三十六度，遂挂圣意"，升迁为将军。周宝在击球时被打伤一只眼睛之后，又授泾原节度使。另据《资治通鉴》记载，唐僖宗还曾让神策打球军将以打球论输赢来选拔节度使。广明元年（880年）西川节度使出缺，神策军中军将陈敬瑄、杨恩立、牛勖、罗元果四人都想去当节度使。唐僖宗无法决定，便叫他们四人赛球，谁赢了谁当节度使。结果，陈敬瑄夺得了头筹，便得了西川节度使的职位。击鞠是一种军事训练的手段，同时也是一种很好的娱乐活动。"百马攒蹄近相映，欢声四合壮士呼。"无论是参加打球，还是观看比赛，击鞠运动都能使人精神振奋。

在唐代,不仅骑马打仗的武人们喜欢击鞠,就是舞文弄墨的书生对击鞠也不生疏。每年科举考试后,在祝贺新及第的进士活动中,都有一项在月灯阁举行的打球赛会。这时,那些在金殿对策时对答如流、笔走龙蛇的书生们又都成了身手矫健的击鞠行家。有些进士的球技甚至超过军队中的击鞠高手。《唐摭言》中记述了这样一则月灯阁下打球的故事:晚唐僖宗乾符四年(877年),新科进士集会在月灯阁下准备赛球助兴,突然有几个神策军将闯进球场,手拿球杖,策马奔驰。其用意非常明显,是要和新科进士较量一下。正在为难之时,有一个叫刘覃的新进士挺身而出:"让我去挫挫他们的锐气!"说完跨马执杖驰进球场,这几个神策军将见有人应战,十分高兴,便与刘覃比赛。只见刘覃驰骤击拂,风驱雷逝,众人都看呆了。只几下,便截下对方的球,然后将球轻轻一挑,抡圆了球杖向空中击去,小小的球如同弹丸般地冲天飞去,竟然无影无踪。直看得挑衅的神策军将们目瞪口呆,遂在几千名观众的哄然大笑中面带愧色,垂头丧气地退出场去。

唐代妇女对击鞠运动亦是很感兴趣,她们时常身骑骏马,击球娱乐,为后人所津津乐道。王建《宫词》曰:"新调白马怕鞭声,供奉骑来绕殿行。为报诸王侵早入,隔门催进打球名。对御难争第一筹,殿前不打背身球。"花蕊夫人《宫词》曰:"自教宫娥学打球,玉鞍初跨柳腰柔。上棚知是官家认,遍遍长赢第一筹。"以上诗文描写的都是宫廷女子击鞠时的情景。从这些诗词中不难想象出她们挥杖争逐、击打马球的英姿。在唐墓中出土的陶俑中,也有不少女子击鞠俑。现珍藏于故宫博物院的一个唐代的铜镜上,绘有一幅女子击球图,四个英气勃勃的女球手正在驱马疾驰,挥杆击球,显示了盛唐时期巾帼不让须眉的英雄气概。

二 技艺竞技

060-061

唐代彩绘骑马击球俑

唐代击球图铜镜

唐代击鞠的比赛用马都是经过严格挑选和特殊训练的宝马良驹。皇室所用马匹多是地方官员朝贡的精选良驹,也经常有西域诸国向大唐帝国进贡的马匹。王建诗《朝天词十首寄上魏博田侍中》曾对皇帝击鞠用马进行了描写:"御马牵来亲自试,珠球到处玉蹄知。殿头宣赐连催上,未解红缨不敢骑。"可见这些马匹都是出色的良马。击鞠使用的鞠杖是木制的,长约一米,杖柄也有用藤做的,球杖下端呈弯曲的月牙形状,外部包有牛皮,杖上绘有各种彩色图案和花纹的装饰。比赛用球被称为"鞠",如拳头般大小,呈圆形,一般是用质轻、韧性较好的硬木制成,有的还要在木球外缝包一层皮革。为了醒目,唐人还在球的表面涂以颜色,称为"彩球""七宝球"等。击鞠比赛场地叫做"球场"或者"鞠场",一般为长方形,周长大约在一千步,三面有矮墙环护,球场的表面压制得十分平整,平坦得如同磨刀石,光滑得像一面镜子,恰如唐诗中所说的"筑场千步平如削"(韩愈《汴泗交流赠张仆射》),"平望若砥,下看犹镜"(阎宽《温汤御毬赋》)。为了防止球场扬尘,有些高档的击鞠场地还要洒油,如唐中宗景龙年间,驸马武崇训、杨慎交用油浇地来铺制击鞠场(《隋唐嘉话》)。球场平时有专人负责维护保养,一个球场的维护人员最多时可达数百人;倘若维护不好,极易引起人们的议论,还会招致皇帝的责备。如唐宪宗曾责问丞相赵宗儒:听人说你在荆州时,球场长草了,是怎么回事?回答道:这是臣的死罪,场上确实有草,但并不妨碍球的滚动(《唐国史补》)。在风雨天打球,球场上会用油布搭起帐篷,遮风避雨。如果晚上来了球瘾要打球,就点燃特制的大型蜡烛,形成一个"烛光球场"。五代时,吴主杨行密的儿子杨渥在父亲去世后服丧期间,还曾违背礼制,用这样的方式打球行乐(《通鉴纪事本末》)。

唐代击鞠比赛分单球门和双球门两种形式。单球门比赛是在一个木板墙下部开直径一尺大小的小洞,洞后结有网囊,以击球入网囊的多少决定胜负。由于球门很小,击球入门需要高超的技术,张建封在一首打球诗中写道:"俯身仰击复傍击,难于古人左右射,齐观百步透短门,谁羡养由遥破的。"(《酬韩校书愈打毬歌》)也就是说,在飞奔的马上持杖击球,难于古人在马上左右开弓,而要在百步内击球入门,与战国时有名的神射手养由基的"百步穿杨"有异曲同工之妙。双球门赛法与现代马球相似,以击进对方球门的球多者为胜。

击鞠比赛有一种撼人心弦的魅力,在一片平坦如砥的球场上,彩旗招展,战鼓阵阵,号角声声,马蹄疾如雨,骑手们身着锦衣,手持球杖,忽而俯身仰击,忽而旁敲侧打,在马上翻上翻下,往来如风,时而像回旋冲腾的激流,时而像席卷大地的暴风。击鞠比赛异常激烈,具有一定的危险性。在比赛中经常发生烈马冲撞对碰事故,骑手稍有不慎就可能坠落马下,加上鞠杖的挥舞击打和球的高速飞射,都会带来意想不到的伤害,轻的使人面目受损,重的可能致残。如前述玄宗时荣王坠马闷绝,穆宗时侍从欻然坠马,周宝的一只眼睛被击伤等,都是球场上造成的伤亡。借比赛之际,故意伤人的也有。例如,天宝十四年(756年),安史之乱时,常山太守王俌准备投降史思明的叛军,他的部将们得知后非常气愤,就趁击鞠机会,纵马将王俌撞下马来,乱蹄踏死。(《资治通鉴》卷二百一十八)由于在击鞠比赛中受伤司空见惯,许多求安稳之士上书规劝皇帝远离这种激烈运动也就不足为怪了。

到了辽宋金元时期,击鞠运动更为兴盛,并上升为一种军

中的礼节,有固定的活动程式。据《宋史·礼志》记载,每年三月,大明殿都会举行击鞠比赛。届时,比赛场地设在大明殿前,皇帝、亲王、近臣等王公大臣悉数参加,比赛选手从诸王大臣、打球供奉中选择。球场东、西两侧树立两个石莲花座的木制球门,球门高丈余,上刻金龙彩绘,球门两侧置有二十四面绣旗,旁边放着空旗架,各由一名持小红旗的卫士值守,每击入一球,就由值守卫士在旗架上插一面绣旗,表示得筹。双方球门旗下,还各有五面战鼓,大明殿两廊也各设五面战鼓。仪式开始后,皇帝乘马来到球场,鼓乐齐鸣,臣下迎接,预先安排好的比赛选手在皇帝的授意下依次上马,马尾打结,分两朋(队)从两厢入场,左朋衣黄襕,右朋衣紫襕,整齐地排列在球场西侧等候。皇帝先上场击球,球用朱漆涂绘,这时教坊又作乐奏鼓,皇帝打进了第一个球后,比赛才正式开始。皇帝参加西朋,攻东球门,左、右两朋各有一个人承旨守门。在鼓乐声中,诸王大臣驰马争击,球将及门,鼓声更急。如果皇帝进球得筹,大家高呼万岁,鼓乐稍停;群臣得筹则叫好,得筹人下马称谢。一方进球后擂鼓三通以示祝贺,每三筹,就暂停比赛,在御殿召群臣饮酒一番。比赛结束时,以旗数多少确定胜负。从这段记载来看,宋代击鞠比赛已经具备了较为严密的比赛规则和完整的运动程序。宋代诗人陆游在他的诗中对当时的击鞠也有描述:"军中罢战壮士闲,细草平郊恣驰逐。洮州骏马金络头,梁州毬场日打毬。"(《冬夜闻雁有感》)

地处北方的辽金民族素善骑射,帝王们也十分喜爱击鞠运动。据《续文献通考》记载,辽圣宗因"击鞠无度"而受谏议大夫的劝阻。据《金史·马贵中传》记载,大定八年(1168年),金世宗在常武殿击鞠,大臣马贵中劝他不要再打了,因为这是一项很危险的运动,前天皇太子就曾经坠马。金世宗回答说:现在天下太平,但是我们不能忘记祖先是以武力平定天下的,击鞠正是希望人们不要忘记习武。辽金时期的击鞠活动多集中在每年的端午节,这天在皇帝的召集下,王公贵族云集,在鞠场举行"拜天之礼","拜天之礼"完毕有射柳、击球等活动。击鞠比赛时,参与人员分成两队,各乘常习的马匹,手持鞠杖,杖长数尺,底端如偃月,共争击一球。球如拳头大小,用质轻皮韧的木头制作,中间掏空外饰以朱漆。球场的一端树立双柱,柱间置木板,下开一孔为球门,门后钉一网囊,能够夺取球并击入网囊为胜;或者在球场两端对立两个球门,两队互相攻守,攻球入对方球门为胜。比赛结束后还有赐宴,岁以为常(《金史·礼志》)。

元代皇室击鞠活动仍然活跃。据元人熊梦祥的《析津志》记载,"击球者,今之故典,而我朝演武亦自不废"。常于端午、重阳之时,太子、诸王及军中击球好手,聚集在西华门内的宽广球场上进行比赛。比赛用马全部是上等骏马,并精心装饰,比赛用球改用皮缝制而成的软球,球杖也比唐代的时候长,手持部分用藤条缠绕。比赛时,一马前驰,掷球于地,群马争骤,互以长柄球杖争相击打。水平高超的球手能够用球杖前端持球,或者把球挑在空中连续击打,在骏马飞奔之际,直奔球门,而球始终不离球杖。"当其击球之时,盘屈旋转,倏如流电之过目,观者动心骇志,英锐之气奋然",真是激烈、刺激!

明清时期,我国古代的击鞠运动开始衰落。明成祖朱棣定都北京后,也曾沿袭辽、金、元的旧俗,在每年端午节和重阳节举行击鞠、射柳活动。中书舍人王绂(fú)在东苑陪朱棣观看骑射击鞠后,写了一首《端午赐观骑射击球侍宴》诗,对

当时皇帝下诏新开球场及举行骑射、击球等娱乐活动的盛况(特别是对击鞠竞赛的热烈场面)进行了形象描写。诗曰:"球场新开向东苑,一望晴烟绿莎软。万马骞腾鼓吹喧,五云缭绕旌旗展。羽林年少青纶巾,秀眉丰脸如神人。锦袍窄袖巧结束,金鞍宝勒红缨新。""忽闻有诏命分棚,球先到手人夸能。马蹄四合云雾集,骊珠落地蛟龙争。彩色球门不盈尺,巧中由来如破的。剨(huò)然一击电光飞,平地风云轰霹雳。""自矜得隽意气粗,万夫夸羡声喧呼。摐(chuāng)金伐鼓助喜色,共言此乐人间无。"《宣宗行乐图》中也有明宣宗观赏击鞠的场面。不过从总体上看,这时的击鞠运动已呈衰落之势。到了清代,如同蹴鞠运动一样,击鞠已不多见。民国初年,西方现代马球传入我国,马球运动才又在中华大地上缓慢地发展起来。

明代击鞠图
(据明人同名画绘制)

捶丸：一棒横击落青毡

捶丸和蹴鞠、击鞠一样，也是我国古代的一种球类运动。这里的"捶"指击打，"丸"指球。由于捶丸的比赛形制和运动方式都和今天的高尔夫球十分相似，所以现在很多人把它称为我国古代的高尔夫球。捶丸流行于我国的宋、元、明时期，它的渊源则可以追溯到唐代的"步打球"。

如前文所言，唐代击鞠运动非常发达，上自皇帝，下至诸王大臣、文人武将，大都以此为乐。带有激烈对抗色彩的击鞠运动固然精彩好看，但要参与这项运动，不仅需要事先准备好优良的比赛用马和广阔的比赛场地，还需要比赛选手具备良好的身体素质和精湛的骑术，这些无疑都增加了击鞠的参与难度，限制了这项运动的普及。比赛过程中，快马往来奔突之间隐含的巨大危险也常常让人望而生畏。

为了能够享受到马球那种拼抢争胜的乐趣，又不像马球那般凶险剧烈，同时让更多的人参与到这项运动中来，唐代在击鞠运动的基础上发明了两种新的玩法。一种是改骑马为骑驴，即所谓的"驴鞠"。驴的体型、力量、速度都不如马，骑驴打球的危险较小，且同样不失趣味。驴鞠运动以女性参与居多。另一种是既不骑马也不骑驴，徒步持杖打球，叫做"步打"。这种"步打球"与现代曲棍球十分相似，参赛队员分成两队，分别手持球杖在球场中往来奔跑，追逐拼抢，以将球击入对方球门

次数多者为胜。唐王建《宫词》对此有过描述:"殿前铺设两边楼,寒食宫人步打球。一半走来争跪拜,上棚先谢得头筹。"就是说,寒食节时宫女们在殿前设置步打球场,分为两队进行比赛,进第一个球(称为"头筹")的队庆祝时需要集体到皇帝面前跪拜称谢,然后再继续比赛。唐元稹《六年春遣怀八首》中也有"童稚痴狂撩乱走,绣球花杖满堂前"诗句,描写的则是儿童步打球的情形。可见,经过革新之后,尽管步打球的对抗性和激烈程度都远不如击鞠和驴鞠,但却深受广大妇女和儿童的喜爱。

到了宋朝,人们又在步打球的基础上发展出一种新的运动形式。它保留了步打球徒步手持球杖击球的特点,但是取消了步打球比赛时所使用的球门,改设球穴,将原来的攻球入门改成了击球入洞。进球方式变了,比赛规则和比赛性质也随之发生了变化,原来双方队员的直接对抗转变成了间接对抗。当时的人把这种新出现的运动形式叫作"捶丸"。

那么,捶丸是怎么玩的呢?元代时,有一个人(具体是谁,已不可考)写了一本名叫《丸经》的书,书中对捶丸运动的场地、器具、竞赛规则以及各种不同的击法和战术都进行了全面的总结和论述,我们据此可以一窥捶丸运动的全貌。

根据《丸经》的记述,捶丸运动的场地有地形变化,多选用凹凸不平的空旷场地,并在场地上挖多个比球稍大的球穴,球穴旁边插上彩旗作为标记,即"视土燥湿坚岔而安基,择地平峻凹凸以制胜,拽肘运杖,击杓收窝"。捶丸使用的球叫作"丸",是用瘿木制成的木球。瘿木就是树木受伤后在自我修复伤口时长出的树瘤。之所以选择树瘤制球,是因为树瘤内部的纤维组织比树木的其他部分更加绞结紧密,经过加工制作成球后，球的质地密实，抗击耐打，不容易损坏。捶丸所用球杖，称为"棒"，球棒的好坏必然影响击球技术的发挥，"如击得球好，亦须得好棒"，因此，球棒的选材和制作十分讲究，种类也繁多。优质球棒一般由坚固耐用的木材制成，最好秋冬时分取材，此时木材生长缓慢，最为坚牢。木棒外面辅以牛筋、牛胶加固，既便于抓握，又能增加球棒的坚固度。球棒制作通常在春夏天气温暖的时候进行，这时牛筋、牛胶和木棒能够更好地融为一体；杖柄则用刚坚厚实的大竹制作。球棒的类型有"撺棒""扑棒""杓棒""单手""鹰嘴"等十多种，以供打出不同的球，皮面窄木分厚的球棒用来打远球，而皮面宽木分薄的球棒则用来打近球。有时一个选手在比赛时可能准备多达十根不同规格的球棒，用于满足不同的打法需要。

参加捶丸比赛的人数没有严格的限制，可多可少，二至十人都可以进行，十人、八人、六人制比赛分成两队对抗，九人、七人、五人及以下人数的比赛不分组，采取各自为战的方式进行。比赛通过计筹判定胜负，赛前每位参赛人员各领取五筹，比赛过程中，每人（或者每队）三棒，击球者两手握棒，力度适中，面球而立，头棒击打后二棒接着击打，三棒将球击入球穴中可以赢一筹，所赢筹由输家给，比赛结束时筹多者为胜。也可以预先设定总筹数，例如二十筹（大筹）、十五筹（中筹）或者十筹（小筹），以先得以上各数者为胜。除了这些规则之外，为了保证竞赛的公平性，还规定比赛过程中不许换球，不准重捶，不许为他人指示地形，不许把球棒借给他人，不准击打他人球，不能加土或作坑阻拦别人球的行进，不能妨碍他人击球，等等，违犯者本人及同组皆会判输。

与中国其他传统体育项目一样，捶丸游戏也非常注重对

道德品质的培养,"失利不嗔,得隽不逞,若喜怒见面,利口伤人,君子不与也"。而且,即便是游戏,也要求"捶丸会朋不可不慎也",同时讲求游戏适度,"不劳神于极,以畅四肢"。从捶丸的场地、器具、游戏规则等方面来看,它与现代高尔夫球运动有着惊人的相似之处,甚至有人进一步认为,起源于英国的现代高尔夫球运动曾直接受到捶丸的影响,其真正的源头应该在中国。

通过上面比赛规则的介绍,可以看到捶丸比赛的对抗程度和潜在危险已经无法与蹴鞠、击鞠相提并论,它没有强烈的竞争性及剧烈的身体对抗性,转而强调比赛过程中的策略运用和娴熟的击球技巧,"不以勇胜,不以力争",以修身养性、健体修心为目的,休闲娱乐性质更浓,是文人雅士修心怡情的较佳选择。但凡"天朗气清,惠风和畅,饭饱之余,心无所碍,取择良友三三五五,于园林清胜之处,依法捶击"(《丸经》),不亦乐哉!

捶丸运动出现之后,不仅达官贵人、文人墨客,甚至仕女在茶余饭后也喜欢以捶丸来消食解闷。据《丸经》记载,北宋朝徽宗和金朝章宗两位帝王都很喜欢捶丸,平日里"深求古人之宜制,而益致其精也",即以古为师,不断练习,让球技精益求精。两位帝王使用的球杖极其考究,以纯金打造缘边,顶上缀饰玉器,结束球戏后,两人的球具不装在球袋而收藏在锦盒中,所谓"盛以锦囊,击以彩棒,碾玉缀顶,饰金缘边"。现存的一些绘画和石刻中也留存有古人捶丸时的风采。例如,在山东泰山岱庙雨花道院遗址中发现一幅宋代石刻捶丸图。该刻石原是石栏杆的建筑构件,在高约三十厘米的画面中,站立着一名童子,童子高约二十三厘米,分腿而立,外面穿着束腰长袍,内着一条肥腿裤。头上发髻分别位于两耳后,上面还扎着软巾。他右手持球,左手持棒上举。这条棒的棒端呈弧状弯曲,棒柄自上而下逐渐变细,球棒整体呈"L"形。童子表情庄重,两眼紧盯右前方,双唇紧闭,一幅全神贯注的模样。

宋代捶丸图
(据山东泰山岱庙雨花道院遗址石刻绘制)

在陈万里《陶枕》一书中也收有宋代儿童捶丸图,图中小孩持一小杖,挥杖欲击地上的小球,形象十分生动。陶枕上把民间的风俗游戏能用艺术形式绘制出来,说明捶丸在宋代十分流行。此外,古诗"城间小儿喜捶丸,一棒横击落青毡。纵令相隔云山路,曲折轻巧入窝圆",也反映了儿童捶丸的情形。

宋代童子捶丸图
(据陈万里《陶枕》绘制)

　　现存于山西省洪洞县广胜寺水神庙壁画中,也有一幅保存完整的元代捶丸图。此图中,于云气和树石之间的平地上,两个身穿朱色长袍的男子,右手各握一短柄球杖。左一人正面俯身作击球姿势,右一人侧蹲注视前方地上的球穴,在球洞附近的地上还停有一球。稍远处有两个身穿灰色衣服的侍从各持一棒,棒端为圆球体,其中一个站在一旁静静地观看比赛,另一个则站在球洞边上,手指向球洞,转过头正看着准备击球的红衣男子。这幅壁画应是元代民间捶丸活动的真实反映。

元代捶丸图
（据山西洪洞县广胜寺壁画绘制）

　　捶丸发展至明代，已经远不如前代那样普及。不过，直到明代中期，捶丸尚未绝迹。明万历年间，周履靖重刻《丸经》时曾作《跋》附于卷后，有云："予壮游都邑间，好事者多好捶丸。""考诸传记无闻焉，以为世俗博弈之余技耳。"尽管如此，明代个别皇帝还是雅好此道，遂将捶丸引入宫中。现藏故宫博物院的《明宣宗行乐图》长卷中，有一部分描绘的就是捶丸图。画中正在挥杆的是明宣宗，旁边特制的球台上整齐摆放着多支球棒，另有三位侍从一人捧着一根球棒，等候皇帝换杆。所绘的场地面貌、旗、穴及击丸的棒、侍从的位置等，都与《丸经》所说吻合。图中人为地设置某些障碍来代替野外山丘，显然只是变通之举。皇帝能够亲自持棒参加捶丸运动，表明它在当时仍是一项高雅的娱乐游艺活动。

明代捶丸图
（据《明宣宗行乐图》绘制）

明朝杜堇所绘的《仕女图》中还有对女子捶丸的描绘。图上有五位女子正站在一片较为平整开阔的土地上，其中三位身材高大的女子，穿着华丽，一看就知道是贵妇人，她们手

明代仕女捶丸图
（据明人杜堇《仕女图》绘制）

持球杖,正准备击球。旁边两个身材矮小的女子,从打扮上判断应该是侍女。她俩站在三位球手的身边,像球童一样为球手拿着暂时用不上的球杆,静静地观看着球手打球。这幅图说明古代的捶丸运动不仅深受男人们的欢迎,同样也受到女子们的喜爱。

在清朝,宋、元、明三代盛行的捶丸运动基本上消失了,在相关的史料中已经看不到捶丸的身影。

相扑:裸袒相搏勇者胜

说起相扑,大家不约而同地会想到我们的邻国日本,脑海中很快浮现出两位膀大腰圆的相扑手在竞赛场上辗转腾挪、赤手搏击的激烈场面。可是,你知道吗?盛行于日本的相扑运动其实是在唐朝时从我国传入的。在我国古代,相扑运动曾经非常流行,它是人们娱乐休闲时十分喜爱观赏的一种竞技性比赛项目。

我国古代的相扑运动起源于先秦时期的"角力"。角者,较量也;力者,力量、力气之谓也。角力就是两人之间较量力气的一种运动形式。在西周时期,角力已经作为一项军事训练科目在军队中广泛推行。《礼记·月令》中有"孟冬之月……天子乃命将帅讲武,习射御角力"之说,意思是:从每年农历十月开始,周天子就下令要武士们练习射箭、驾车和角力。把角力与射箭、驾车放在同等重要的位置,可见当时对角力非常重视。

　　春秋战国之际,战乱频仍,社会中尚武之风浓厚,角力活动开始迈出军营走入民间,并涌现了一批角力高手。话说春秋末年,赵国开国之君赵襄子有一个贴身侍卫(骖乘),名叫少室周,他以力气大而闻名。一次,少室周在晋阳(赵国都城)遇到一个名叫牛子耕的角力健将,两人遂进行角力较量,结果牛子耕力气和技艺都更胜一筹。少室周败北后对赵襄子说:主上之所以任用我做您的侍卫,是因为我的力气大,现在牛子耕的力气已经超过了我,请主上用他取代我吧!(《韩非子·外储说》)少室周虽然角力失败,但他败而不馁、敢于举荐强者的气魄一时被传为美谈。

　　《春秋穀梁传》还为我们记述了一个通过角力解决战事纷争的故事:公元前659年,鲁国公子友和莒国大夫莒挐各率大军对峙于郦县,两军大战在即,公子友对莒挐说,这是我们两个人的事,何必牵连士卒!于是,二人屏退手下,赤手相搏于一处。激战不久,公子友即处于劣势,左右大呼"孟劳"(孟劳是鲁国的宝刀,意思是提醒公子友用刀),公子友惊恐间慌忙拔刀,使用宝刀杀死了莒挐,最终公子友凭借一己之力使鲁国军队取得了军事上的胜利。不过,角力比赛中类似公子友这种使用武器、置对手于死地的情况并不经常发生。角力是个人力量和技巧的展示,要求比赛双方只能充分利用个人身体上的优势,徒手相搏。1955年,陕西西安客省庄出土了一件战国时期的透雕角力铜饰,它展现的就是这种徒手相搏的比赛场景。铜饰中部是两位角力者正在进行角力比赛,在他们的身后各有一匹马相向站立,四周是枝叶茂盛的树林。比赛双方都赤裸上身,下身穿宽松长裤,左边一人用右手搂住对手的腰部,左手抓紧对手右胯,右边一人两手分别抱住对手的脚和腿,对战十分激烈。

秦汉之际,"角力"更名为"角抵"。据东汉应劭所言:"角者,角材也;抵者,相抵触也。"(《史记·李斯列传》应劭注)"角抵"一词的本意是两个人头戴角材,用角相抵。南朝人任昉在《述异记》中认为,秦汉时期的角抵来源于冀州民间的"蚩尤戏"。传说我国古代的战神蚩尤长相奇特,他面如牛首,耳鬓如剑,头上长角,背生双翅,在与黄帝部落大战期间,蚩尤能够"以角抵人,人不能向"。后来,蚩尤故乡(河北冀州)的百姓便

汉代角抵图
(据《三才图绘》绘制)

仿效蚩尤的战斗情景,发明了"头戴牛角以相抵"的游戏。1974年,山东临沂金雀山九号汉墓出土了一幅彩绘角抵帛画,它是汉代角抵的真实写照。画上共有三人,中间一人头戴长

冠,身着宽大罩衫,腰系红带,右侧一人头戴角饰,双手戴红镯;这两人下颌高扬,怒目逼视,手臂伸张,正摩拳擦掌准备比赛;左侧一人小帽宽衣,拱手肃立,目视二人,可能是裁判。明代王圻、王思义父子在《三才图绘》中复原的汉代角抵图,展现的也是这种两个人头戴兽形面具、身着宽大衣衫参加角抵比赛的情形。

显然,角力演变为角抵之后,表演性、娱乐性增强,遂发展成为一种在公开场合表演的、极具观赏性的竞技活动。据史书记载,秦二世胡亥第一次把角抵引入宫廷,曾在甘泉宫观看角抵表演。(《史记·李斯列传》)西汉武帝在招待外国来使时也经常在未央宫、上林平乐馆等场所举办大型的角抵比赛,并且允许普通百姓聚集观看,有时方圆三百里内的百姓都前来观看,出现万人空巷的壮观场面。(《汉书·武帝纪》)

晋代,"相扑"这一名称正式出现。据《太平御览》引王隐《晋书》记述:襄城和颍川两郡举行庆祝宴会,期间安排相扑助兴,襄城人屡屡败北,于是襄城太守王弘责备功曹刘子笃:襄城人不如颍川人擅长相扑。刘子笃道:相扑这种比赛,怎么能够识别两郡的优劣呢!让我们再来较量品论经国大理、人物得失吧。言外之意是相扑之技不足道也,拥有治国经邦之术才是真本领。现在看来,刘子笃的这一观点有失偏颇,竞技比赛的胜负与否不仅关系到个人的成败得失,也关系到选手所代表的地区或者国家的兴衰荣辱。

《晋书·庾阐传》记述了这样一个故事:西晋武帝时,有个西域胡人,身手矫健,勇武多力,无人能敌,晋人都不敢与他比试。为了挽回国家的颜面,晋武帝只好公开选募天下勇士,结果只有庾东一人应选,遂代表晋人与胡人比赛。最终庾东大胜,并把胡人杀了,晋武帝高兴之余,对其赞誉有加,授官晋爵,庾东一时名声大震。

隋朝也曾发生过类似的事情:隋文帝时,西域番邦进贡一人,身高力壮,在多次相扑比试中,都没有人能够战胜他。文帝颇为惭愧,感叹"难道大隋国没有矫健善战之人吗"!于是,把当时力大无比、有"天力士"之称的僧人法通紧急招来,令他与番人较量。一开始,法通试番人力气,任由番人搂抱抓握,番人用尽力气,法通都毫不在意。等到法通从后面怀抱住番人后,双手急用力收紧,番人一时难以招架,鲜血直流,随即倒地乞求饶命。法通大胜的消息传来,举朝欢庆,京城力士无不前往一睹法通尊容,敬仰之情,溢于言表。(《续高僧传·法通传》)

唐代,由于受"胡风"浸染较深,相扑在中原大地更为盛行。在敦煌莫高窟壁画中,曾发现一幅唐代幡画白描相扑图,图中人物赤身裸背,光腿跣足,下身围系布带,双方屈膝下蹲,相互扭抱,肌腱凸张,拼死相搏,比赛过程异常激烈刺激。从这幅壁画看,当时的相扑比赛已经与现代日本的相扑运动十分接近。

唐代相扑图
(据敦煌莫高窟壁画绘制)

　　这一时期,相扑作为一种娱乐表演项目,深受帝王们的喜爱,每当举行盛大宴会或者节日庆祝,在其他戏乐表演完毕,相扑都作为压轴戏最后一个登场。当时皇室还在左、右神策军中组建官办的"相扑朋",专门收罗和训练相扑能手,各地官员也争相向朝廷选送相扑力士,供皇室观赏取乐。帝王之中,恋之成癖者当数唐穆宗和后唐庄宗。唐穆宗刚即位不久就到左神策军观看相扑和其他杂戏,太阳西斜时分才恋恋不舍地回宫。此后每三日他必到左、右军、御宸晖、九仙门等专门的表演场所观看相扑比赛。(《旧唐书·穆宗纪》)后唐庄宗不但爱好相扑,而且能够亲自上场比赛,经常在宴饮时与大将王郁进行相扑,每次都是庄宗胜王郁败,庄宗渐渐自矜其能。一次遇到相扑高手李存贤,庄宗提议二人进行一番比试,并且许诺说:"倘若你能打败我,我便赏赐给你一个镇。"二人随即展开较量,最终李存贤胜出,庄宗也履行了他的承诺,任命李存贤为蔚州刺史。(《旧五代史·李存贤传》)因相扑而授任刺史,这简直是把政事当作儿戏了。

　　作为专业从事相扑表演的官办组织,相扑朋人才济济,高手辈出。如蒙万赢就是一位专业相扑名家,他十四五岁时便被选入相扑朋,以"拳手轻捷"闻名于懿宗朝,同龄的相扑人都十分忌惮他。后来历经僖宗、昭宗两朝,技艺日趋精湛,屡屡在比赛中获胜,受赐丰厚,因而享有"万赢"的美称,他的真实姓名反倒被人们淡忘了。当时,相扑朋新进勇士都对他十分敬仰,跟随他学习相扑的人有数百之多。蒙万赢从事相扑表演达数十年之久,晚年时依然能够"出场累胜"。(北宋调露子《角力记》)

　　像蒙万赢这样的相扑名家,相扑朋中还有很多。但是,这些相扑朋的高手也并非都是天下无敌,他们也有失手的时候,甚至会输给民间的豪侠之士。唐代武宗朝,左神策军相扑朋有一位相扑高手名叫管万敌,勇武有力,臂力尤其惊人,"扛鼎挟辀",都不在话下。一天,管万敌正与一群朋友在东市酒肆饮酒取乐,忽然有一个身穿布衣的人径直坐到他们的座位上,拿起酒杯便喝,旁若无人。管万敌见状,十分愤怒,瞋目扼腕吓唬,新来之人毫不畏惧,同席恃勇之辈一起推拉他,他竟然纹丝不动。看热闹的人越来越多,这个身穿布衣的人才开口说:"让我与管供奉(管万敌)较量力气以定强弱吧!先请管供奉打我三拳,然后望能让我还击一掌。"说完此人赤裸上身怀抱楼柱站立不动。管万敌有"万敌"之称,哪能忍受这般挑衅,恼怒他轻视自己,恨不得让他毙命于拳下。管万敌奋力打出三拳,楼柱与房屋都微微震动,布衣之人依然丝毫不动,拳头如打在木石上一般,围观的人都震惊了。随后,这个人笑着说:"该我还击了。"只见他奋力挥起手臂,手掌大如簸箕,自上而下拍将过来,吓得管万敌等人急忙求饶。管万敌知道他非等闲之辈,道歉之后在众人的哄笑之中灰溜溜地离开了酒肆。(唐康骈《剧谈录》卷下)

《玉堂闲话》记述了另外一个比较有意思的相扑故事:唐僖宗光启年间,左神策军四军军使王卞赴任振武镇,欢迎宴会临近结束时,安排相扑竞技表演。有一个从邻州过来的相扑手,身材高大魁梧,军中十多位身强力壮的勇士轮番上阵,都不是他的对手。为了展示他的实力,主帅同时挑选三位勇士上场与他较量,结果仍然无法战胜他。周围观看的人都叹为观止,赞不绝口。这时,坐在末席的一位秀才突然站起来对主帅说:"我能把他打倒!"主帅骇然。在秀才的一再坚持之下,

最终同意他上场比赛。秀才先走入厨房,从厨房出来后,挽好衣服,紧握左拳,慢慢向那位魁梧者靠近。魁梧者十分不屑,微笑着说:"这样的人我只用一个手指头就能把他击倒!"不料,秀才在魁梧者瞋目相视之际,急速地展开左手,并把左手伸到魁梧者眼前,只见魁梧者懵然倒地,引致全场一阵哄笑。众人非常纳闷,何故一个文弱书生能够让一位老练的相扑手懵然倒地。原来秀才使了一个计谋,他事先知道这位相扑手害怕做菜用的酱,见酱便倒,于是在比赛前先去厨房,将左手抹上酱,果然一试就灵,相扑手倒地并不是被秀才击倒的,而是被酱吓倒的,十分有趣。秀才的小插曲为宴会平添了诸多乐趣。

到了宋代,在经济、文化繁荣及城市快速发展的社会条件下,相扑运动发展到了顶峰,其内容变得更加丰富多彩。不但朝廷组建专业相扑队,专门从事宫廷相扑表演,民间也涌现出"角抵社""相扑社"等职业性相扑组织。据吴自牧《梦粱录》记述,在宫廷进行表演的职业相扑手称为"内等子",从军队中选拔,每三年选拔一次,隶属左、右军编制,人数共有一百二十名。这些职业相扑手,按照各自技艺水平的高低,分成上、中、下不同等级,领取不同薪饷。每逢朝廷大朝会、皇帝生日宴会及其他御宴,总会安排"内等子"出场以相扑助兴。由于皇帝在旁边观战,他们无不使出浑身解数,尽力比赛。有诗为证:"虎贲三百总威狞,急颭旗催叠鼓声。疑是啸风吟雨处,怒龙彪虎角亏盈。"

民间"相扑社"规模不等,规模较大的有百人以上,社内相扑手经常在一起交流技艺,进行训练和组织表演性比赛。他们主要混迹于市井,供人观赏取乐,换取饭资。每年农历正月十五到八月这段时间,气候合宜,相扑社的表演最为频繁。每逢相扑比赛表演,观者如堵,巷无居人,热闹非凡。有时为了招徕更多的观众,在男相扑正式比赛之前,还会先安排数对女相扑表演,俗称"打套子",即赛前的热场。这些女相扑手也是个个英武豪迈,不亚于男子,赛关索、嚣三娘、黑四姐等都是当时比较知名的女相扑手。可以想见,当两个身手笨拙、膀大腰圆的女相扑手相互搂抱、扭摔,其场面是多么滑稽有趣!倘若遇到全国性的相扑大赛,这些民间相扑高手也会前往登台亮相,一决雌雄。如每年在临安府(今杭州)护国寺举行的露台相扑赛是当时最具有权威性的全国性比赛。比赛由官府派出的军官主持,兼做裁判,比赛的优胜者能够获得旗帜、银杯、彩缎、锦袄、官会、马匹等奖励。有一次,一位名叫韩福的温州人在比赛中取得头名,除了拿到丰厚奖品外,还被朝廷破格选任为"军佐"一职。

宋代的相扑已经形成了一套比较成熟的比赛规则。比赛时两人对抗,允许拳打脚踢,摔抱打扭,但严禁使用武器暗算

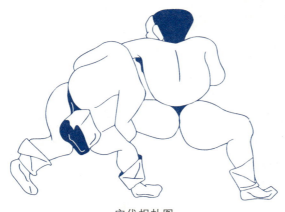

宋代相扑图
(据山西晋城南社宋墓出土壁画绘制)

对手。比赛着装多沿袭前代旧制,双方上身赤裸,下身光腿赤足(有时也穿鞋子),裸袒相搏。山西晋城南社宋墓发现的《相扑图》形象地描绘了当时相扑的情景:四个相扑选手上身赤裸,下身短裤露腿,头戴黑色头巾,足上穿靴,中间两人正在全力相扑,左边者头被右边者夹在臂下,右边者左腿却被左边者抱住,双方相持不下,两侧之人跃跃欲试,在关注比赛之余,时刻准备上场一较高下。

男子在相扑比赛中袒胸露乳,似乎没有争议,但若是女相扑手也光着胳膊,赤着大腿参加比赛,则难免招致时人的批评与非议。宋代就曾因女相扑手穿着过于暴露,引发了一场是否禁止女子相扑的讨论。嘉祐年间的某年正月二十八日,宋仁宗赵祯偕后妃例行到宣德门广场观看百戏表演,其中就有赤身露体的女子相扑。表演结束后,宋仁宗在赏赐百戏艺人时,这些女相扑手也被赐予银绢奖励。大臣司马光知道此事后,愤怒地写下了《论上元令妇人相扑状》上奏仁宗,文中说:"宣德门者,国家之象魏,所以垂宪度,布号令也。今上有天子之尊,下有万民之众,后妃侍旁,命妇纵观,而使妇人裸戏于前,殆非所以隆礼法,示四方也。"大意是宣德门是朝廷发号施令的地方,神圣威严,现在皇帝您却偕同宫廷女流之辈和众多老百姓在此处观看女子"裸戏"表演,太有违礼法、有失体统了。接着建议仁宗取消这类比赛,并且命令相关部门严加禁约,"今后妇人不得于街市以此聚众为戏"。宋仁宗是否下令禁止女子相扑,现在我们不得而知,即便真的有此动议,也收效甚微。因为终两宋朝,民间女子相扑都十分盛行。

元代,民间相扑仍很流行,在每年三月二十八日的山东泰山东岳庙会上,相扑表演赛是必有项目,但宫廷相扑活动被摔跤取代。元朝王室起于北方的蒙古族,在辽阔的草原上以游牧为生,民风强悍,身体健壮,骑马、射箭和摔跤是男子必须掌握的三项技能,宫廷娱乐项目也随之转变,摔跤成为主流。明清两代,民间相扑活动也日渐衰落,并随着摔跤运动的兴盛,相扑这一古老的娱乐竞技项目渐渐被人们所淡忘。

扛鼎:力拔山兮气盖世

  人们在形容某一事物非常重要的时候,常常会使用"扛鼎之作""扛鼎之举"之类的词语,但你知道什么是"扛鼎"吗?扛鼎是我国古代的一种力量类竞技项目,类似于现代的举重。扛鼎在春秋战国时已经出现,与其性质相似的活动还有翘关。

  早在远古社会,科学技术远没有现代发达,人类能够借助的工具机械非常有限,大部分社会事务只能依靠个体自身的力量来完成。在这种情况下,无论是部落间的战争,还是日常生产,力量超众的个体都拥有绝对的优势。传说中,亡国之君夏桀和商纣都力大无穷,夏桀"能伸钩索铁,手搏熊虎",商纣"能倒曳九牛,抚梁易柱"(晋人黄甫谧《帝王世纪》)。尽管这些记载可能有夸张的成分,但却反映了古人对力量的崇尚。

  春秋战国时期,各国非常重视军队素质,加强了士兵力量的训练,扛鼎这种举重物、练力量的竞技活动正式出现。《广雅》记载:"扛,举也。"扛鼎就是用手举鼎。鼎是当时人们经常使用的祭祀礼器和生活用具,用青铜铸造,体积大者重千斤,

小者也有百十斤重。鼎是生活中常见之物,沉重且又易于抓握,特别适合拿来训练士兵的力量,也最能显示举者的能力。一个人如果不借助外力能够手持鼎耳将鼎举起,可以想象他的力量是多么巨大,在战场上也势必能够勇于冲锋陷阵,无人能挡。正如兵书《吴子·料敌》所言,一支军队当中必定要有勇士,力大可以扛鼎,行动敏捷能够追赶战马,甚至可以拔取敌旗、斩杀敌将,对于这样的人,一定要选拔出来,爱惜且重视他们,因为他们是军队的生命。古代战争属于冷兵器作战,主要是一种勇气和力量的较量,力量超常的将士通常都会受到重用。吴王阖闾攻伐楚国时,曾精心挑选了五百名多力者和跑得快的三千人作为前锋,取得了五战五胜的骄人战绩。(《吕氏春秋·简选》)

秦国的秦武王孔武有力,崇尚力士,当时的知名力士任鄙、乌获和孟说三个人都深受赏识。任鄙力大无穷,官至太守,与足智多谋、绰号"智囊"的樗里子齐名,时人有"力则任鄙,智则樗里"的美誉。乌获能举千斤重鼎,后来当上了将军。孟说也是一个大力士,一次随秦武王同赴洛阳,行至周王室的太庙,看见太庙里陈列着象征九州的九个大鼎,秦武王心烦技痒,提议和他进行扛鼎比赛。秦武王走到重达六百多斤的"龙文赤鼎"旁边,强行将它举起,不料因为力量不足,被掉下来的鼎砸断了膝盖骨,结果流血过多而死,年仅二十三岁。秦武王意外死亡,举朝震惊,周王亲往哭吊。事后,孟说受到牵连,被右丞相樗里子处以五马分尸、诛家灭族的极刑。(司马迁《史记·秦世家》)秦武王与手下的官员练习和比赛举鼎,虽然具有表演和娱乐的成分,但也说明扛鼎在当时已经成为了一种习尚。

秦武王扛鼎图

　　除了扛鼎之外，这一时期较技试力的活动还有"翘关"。"关"是指过去关城门时所使用的木门栓，"翘"是举的意思，翘关之戏要求力士用一只手握住门栓的一端，用力把门栓翘举起来。木门栓的重量不过百十斤，双手握中间挺举并不难，然而握住一端翘举就需要强大的臂力了，更何况是用一只手翘举。因此，作为古代练习臂力的一种方式，翘关在社会中也十分盛行。相传，中华民族的至圣先师孔子，不但学识渊博，而且力量十分惊人。《吕氏春秋·慎大览》记载："孔子之劲，举国门之关，而不肯以力闻。"国门之关是诸侯国都城门的大门栓，粗木制作，一般有三四丈长，孔子能够单手翘举起来，显然是一位大力士了。不过孔子以文见长，推崇仁爱治国，不愿对自己的力量加以宣扬，后世知道他力大无比的人并不多。

孔子翘关图

从汉代到唐代,扛鼎和翘关仍然是人们练力的基本方式。秦末西楚霸王项羽号称"力拔山兮气盖世",他身高八尺有余,是出名的扛鼎力士,力气过人,作战勇猛。楚汉战争失利后,项羽被刘邦军队重重包围,在号令众将士分四队突围的过程中,项羽亲自率领一队大军大声呼喝,向外直冲,汉军见了都溃败逃散。(《史记·项羽本纪》)

汉代,国家军队中有英勇善战的扛鼎之士,王侯贵族之家也有"武力鼎士"。文学家邹阳上书吴王刘濞时说:"夫全赵之时,武力鼎士袨服丛台之下者一旦成市,而不能止幽王之湛患。"(《汉书·邹阳列传》)大意是:在赵国(汉初封国)最盛之时,即便身着盛装的举鼎之士云集于丛台之下,也未能阻止赵幽王刘友被害之祸。显然这里所说的武力鼎士是赵国的精锐部队。不但军人擅长扛鼎,皇室子弟也好为之,并以拥有扛鼎之力自我炫耀。如刘邦最小的儿子淮南厉王刘长有才智和勇力,能奋力举起重鼎,为人却骄纵肆志,一次用私藏在袖中的铁椎打死了辟阳侯审食其,汉文帝出于手足亲情才没有治他滥杀朝廷重臣的罪过。(《史记·淮南衡山列传》)汉武帝的四子广陵王刘胥身高体壮,力能扛鼎,喜好倡乐逸游,经常在宫廷别苑与熊搏斗,能够徒手扭断熊的脖子。(《西京杂记》)

到了唐代,国家推行科举分科取士制度,以明经、进士等科目选拔文士,以平射、武举两个科目选拔武士。武举科考试比较全面,有考核应试者操持武器技能的项目,如长垛、马射、马枪、步射等;还有考核应试者力量的项目,如翘关和负重。翘关考核臂力,负重考核体力。这时"翘关"中的"关",已不是春秋战国时期那种城门栓,而是一种为考试特别制作的木棍。"关"长一丈七尺,直径三寸半,长度和粗细都有统一的规定。举法与先秦时期的单手举不同,考试时要求应试者用双手握一端,后手握持范围不能超过棍端一尺,连续举起五次才算合格。(《新唐书·选举志》)将翘关作为武举项目之一,体现了唐代统治者对力量训练的重视。

汉唐之际,扛鼎和翘关还是街头艺人常规的表演项目,深受普通老百姓的喜爱。张衡在《西京赋》中描写汉代长安城的繁华景象时曾写道:在平乐观前面的广场之上,各种杂技歌舞艺人卖力演出,"乌获扛鼎""寻橦""缘竿""钻圈""跳丸剑""走索""鱼龙变化"等许多精彩节目轮番上演,热闹非凡。左思《吴都赋》说,三国时东吴地区有"里宴巷饮,飞觞举白,翘关扛鼎,拚射壶博"的风尚。闲暇时分,人们或聚会于里巷宴饮,或以翘关、扛鼎、投壶、六博等活动戏乐,娱乐生活非常丰富。隋

炀帝大业二年（606年），在洛阳华林园举办了一场欢迎突厥单于来朝的娱乐盛会，各地诸色艺人汇聚一堂，既有驯兽、幻术、竿技等表演，又有"夏育扛鼎"表演。(《隋书·乐志》)夏育是战国时卫国勇士，传说能力举千钧、生拔牛尾。

上文说的"乌获扛鼎""翘关扛鼎""夏育扛鼎"都是指大力士们的举重表演。江苏徐州出土一块汉代画像石，画中有七人，其中一人双手执鼎耳把鼎翻举过头顶，正在表演，另外几个人有搏虎的、有拔树的、有背兽的，形象十分生动。这幅画像石对当时的扛鼎表演进行了真实描绘。从军事练力转变为娱乐表演之后，扛鼎活动举的物体不再局限于鼎这一种器物，生活中常见的各种重物（如车轮、铜壶、石臼等）都可以被艺人拿来表演。河南南阳出土的"乐舞百戏"汉画像石上，绘有一个壮汉袒露上身，左手摇毂，右臂平伸，臂上放一个大铜壶，正在认真地耍弄。内蒙古和林格尔出土的汉代壁画《百戏图》中，绘有一个赤裸上身、显露出粗壮肌肉的壮汉，正在抛举一个大车轮子。从画像石和壁画中的图像来看，铜壶是滚弄，车轮是抛掷，不光需要力量，也需要技巧。前面提到的隋朝"夏育扛鼎"，名为扛鼎，实际上也是一位健壮的演员，将车轮、石臼、大缸等器具放在手掌上抛掷、滚弄，并不时做出各种优美的舞蹈造型。

唐代军人也喜好扛鼎之戏。据《新唐书·兵志》记载，唐玄宗天宝年间"六军宿卫皆市人，富者贩缯彩，食粱肉，壮者为角觚、拔河、翘木、扛铁之戏"。翘木就是翘关，扛铁则是举各种铁制的器物。宿卫部队练习翘木、扛铁，不全是为了军事训练，也应是当时的一种休闲娱乐活动。民间的一些大力士也经常在各种场合进行力技表演。如河间人彭博通，力大无比，能将牛车倒拽数十步，并能拖住大风中鼓帆前行的船只。(《朝野佥载》)一次，彭博通酒后两手分别托两张桌子，桌子上摆满了酒菜，能够上下台阶往来数次，而桌子上的酒菜"略无倾泻"。当时为了看博通的表演，观者"窬主人垣墙，屋宇尽坏，名动京师"(《太平广记·彭先觉》引《御史台记》)。唐僖宗乾符年间，四川绵竹县有个王姓艺人，也是位大力士，每当军府飨军宴客安排百戏演出时，他能表演陆地拖船，船上还有十二个人在跳舞，直拖至舞蹈完毕，竟然没有丝毫的疲劳迹象。(《北梦琐言》)

宋代以后，石质的举重器具开始普及，于是扛鼎和翘关演变为举石活动。石质器具可以随地取材，并能够根据需要制成石球、石墩、磨盘、石担、石锁等，这样既降低了举重器具的制作成本，又增加了举重的花样。而且"举石"活动不受时间、场地、气候条件的限制，只要有几米见方的活动空间就可以练习、表演，所以受到大众的欢迎，在民间广泛流行。《水浒全传》第二十八回描写了水泊梁山好汉武松举石墩的场景：武松赤裸上身，先是把四五百斤重的大石墩轻轻抱起，又撒手一扔，石墩陷入地中；接着武松用右手提起石墩向空中一抛，抛起足有一丈来高，等石墩落下时再用双手稳稳接住。小说描写尽管略显夸张，但却反映了宋代"举石"的方法以及"举石"活动普遍开展的情况。民间艺人的"举石"表演在宋代也极为盛行。据《武林旧事》记载，天武张、花马儿、郭介、端亲、王尹生、陆寿等人都是南宋时期临安城著名的举重表演艺人，天武张擅长举石球，花马儿擅长举石墩。

明代"举石"出现了举石担和举石锁两种新的形式。石担是用两块石头凿成重量相等的磨盘形，中心打孔，装在竹杠或

木杠的两头。从形状和结构上来看,石担和现代国际举重比赛用的杠铃非常相似,所不同的是杠铃以铁质制成,而石担以石质制成。石锁是用长方形石块凿制而成,中上部掏空,便于抓握,形状很像过去家庭使用的老式铜锁。石担、石锁大小不等,可重可轻,所以举的方式方法也变得多种多样。例如,石担不仅可以举,而且还可以舞;举的方法有单手抓举、双手抓举、挺举、推举;舞的方法有扯旗、腰花、背箭、头花和颈花等。

明清舞石担图

如石锁,重量从数十斤到数百斤不等,玩法有单手抓举、推举、砸肘、背箭等。举石担、石锁既可以用来锻炼身体、增强力量,也可以用于街头表演、展示力量。如明代的思想家颜元,能文能武,年轻的时候就经常进行"举石"练习,在开设私塾期间,专门安排有技击、射箭、举石担、举石锁、超距(即越野跑)等课程,坚持让学生参加体育锻炼活动。他晚年主持漳南书院,仍然设文事、武备、经史、艺能诸科,六十二岁时还亲自教学生举石担练力。

清代，"举石"重新被列为武举的技勇类考试内容。武举技勇考试主要检测武生的臂力，设拉弓、舞刀、掇石三个项目。掇石就是举石，所用之石被称为"石踬"，形状为长方体，两侧中上部各有一个可以用手指头抠住的半圆形凹耳。石的重量分为三等，二百斤的、二百五十斤的和三百斤的。考试时，石的重量由考生自选，需先将石踬提到胸腹之间，离地一尺以上，然后再借助腹部之力，把石底部左右各翻一次，方为合格。朝廷对举石项目的重视，把这项活动推到了一个前所未有的发展高峰，民间涌现出不少技勇之才。如道光年间，琼州府文昌县有个叫符成梅的武童生，以八十四岁高龄参加武举乡试，居然能够拉开十二力弓，舞刀前后胸舞花，掇石离地，三场都应付下来。主持乡试的官员奏请皇帝授予职衔，后因他年龄过高，超过了武举考生的六十岁限制而作罢。

清代举石磨图

举石表演在清代也有较大发展,不但有石担、石锁等表演,还出现了举石滚、举石磨等表演,可谓是花样迭出,精彩纷呈。

作为一项集力量、技巧、健身于一体的传统竞技项目,扛鼎、翘关、举石活动历代相延,在军事训练、竞技娱乐等领域大放异彩。在运动竞赛性质的举重项目统一使用杠铃之后,这一传统的竞技娱乐活动渐渐被人们遗忘。今天,我们偶尔能够在农村地区看到举重爱好者练习石担、石锁的身影。

射箭:翻身向天仰射云

射箭历史悠久,源远流长,是我国古老的技艺竞技项目之一。射箭与军事活动紧密联系,又是人们娱乐休闲的重要方式。

古代射箭图

射箭起源于远古的狩猎和战争,早在旧石器时代就出现了弓箭。弓箭的出现,使人类具备了远程攻击的能力,可以避免近身作战的损伤,它既是远古祖先狩猎的必备工具,又是军事战争取胜的法宝。相传,黄帝时代弓箭的发展已经比较完善。弓用柘树的枝条制作,柘树木质强劲坚韧,弹性大,据说乌鸦落停在柘树上面都不敢飞离,因为它害怕被弹起的枝条打伤。(《太平御览》引《古史考》)箭簇用兽骨或石片磨制而成,与原来纯粹用竹木材料制成的箭矢相比,它的杀伤力更大。当黄帝与蚩尤交战于涿鹿时,黄帝就是凭借着弓箭之利,最终打败了蚩尤,从而奠定了汉族之基。那些射术高超的英雄,则会受到人们的尊崇。古代神话中的后羿,就是一位英勇善战的神射手,传说他用弓箭射落了九个给人类带来灾难的太阳,从此天下风调雨顺;他又射杀了众多吃人的猛禽恶兽,使百姓终能安居乐业。

商周时代,箭簇有了更加锐利和坚硬的铜簇,弓体经过改进后也更具弹力,从而提高了当时的射箭水平。出土的甲骨卜辞表明,商代已经设立专门统率弓箭手的武官——射,常以三百人为一队,称为"三百射"或"射三百"。周代,射箭活动在社会生活中的地位进一步增强,它不仅是很好的战争工具,更是人们闲暇时的一种娱乐活动。周代男子成年以后,通常需要在学校里学习礼、乐、射、御、书、数六种技能,称为"六艺",射箭就是其中一项很重要的内容。当时的孔子、荀子以及墨子等,都是射箭爱好者,而且身体力行,同时鼓励学生学习射箭。如孔子就曾率领学生在"矍相之圃"(矍相,地名,在今山东省曲阜市城内)练习射箭,吸引了众多人前去观看,围得像一堵墙似的。(《礼记·射义》)把射箭列为当时的

学校教育内容,不仅能够起到锻炼学生身体的作用,还能够为战争培养和储备军事人才。不过,当时有机会接受正规学校教育的人毕竟是少数,为推动全民练习射箭的风潮,魏国的著名改革家李悝,曾下过一道比较有意思的"习射令"。"习射令"规定,"人之有狐疑之讼者,令之射的,中之者胜,不中者负"(《韩非子·内储说》)。也就是说,人们在发生纠纷打官司的时候,先进行射箭比赛,谁射得准,官司就断谁赢。这种做法现在看来荒唐之极,但对当时来说,却促进了魏国射箭活动的开展。"习射令"颁布之后,魏国人纷纷日夜不休地练习射箭,技艺日益精进,每个人都能射箭中的,后来魏国与秦国发生战争,英勇善射的魏国人最终战胜了原本强大的秦国人。当时的人认为,"凡我国能射御之士,我将赏贵之;不能射御之士,我将罪贱之"(《墨子·尚贤》)。以能不能射箭决定贵贱奖罚,是因为弓箭具有强大的杀伤能力,凭借弓箭之利,可以征服天下,即所谓"弦木为弧,剡木为矢,弧矢之利,以威天下"(《易经》)。到了战国时期,赵武灵王曾经提倡"胡服骑射",将少数民族的射箭技术引入中原,同传统的射箭结合起来,把射箭活动推向了一个高潮。

  在周代,射箭除了运用于军事作战外,还是当时一项重要的礼仪活动。我国古代采用礼乐制度治理国家,并形成了比较完备的"五礼"(吉礼、凶礼、军礼、宾礼、嘉礼)制度。作为嘉礼的一种,射礼就是以射箭比赛为主要的表现形式。

赵武灵王胡服骑射

　　周代的射礼分为大射、燕射、宾射、乡射四种。"大射"是在举行盛大祭祀之前,为挑选陪祭人员而举行的选拔仪式,天子、诸侯、卿大夫等王公大臣参加比赛,在"射宫"举行,射中靶心次数多的人参加祭祀活动。"宾射"是诸侯朝见天子或诸侯、卿大夫、士相互拜会时举行的射箭比赛,在王庙等场所举行,拜会双方亲自或者选派射术精湛者参加,具有很强的竞技性。"燕射"是天子与大臣在燕饮之时举行的射箭活动,娱乐性强,竞技氛围相对宽松。"乡射"是乡大夫在荐贤举士之时举行的礼仪活动,一般在学校举行,普通百姓都可以参加,集娱乐、习射及习礼于一体。

　　每当举行射礼的时候,天子、诸侯、乡绅所使用的弓、箭、侯(箭靶)、所奏乐曲、出场顺序、礼仪程式等都有明确的规定,并且射箭时,每个人的动作如进、退、周、还也要合乎礼制。周

朝人对射箭活动如此重视,一方面是基于战争和礼制的需要,另一方面是认识到"射者使人端",通过射箭能够观察个人的道德品质。一个人射箭的时候,只有内心态度端正,外表身体站直,拿着弓箭瞄准,才可以射中靶子(《礼记·射义》),射箭是个人内心道德的外在呈现。

随着射箭运动的普遍开展,先秦时期出现了不少身怀绝技的射手。其中以楚国的养由基最为出名。据《左传》记载,养由基是楚国的一名射手,在楚国和晋国的鄢陵之战中,他一箭射死了晋国的大将魏锜,遏止了晋军的进攻,从此名震楚国。楚军中有个叫潘党的军将,也是一个神射手,能每箭射中箭靶的靶红心。养由基对他说:这还不算本事,要能在百步之外射中杨柳叶子,才算差不多。潘党不服,当即选定杨柳树上的三片叶子,染红叶子并标明号数,叫养由基退到百步之外,顺序射去。养由基连射三箭,果然,第一箭中一号叶心,第二箭中二号叶心,第三箭中三号叶心,非常精确,潘党甘拜下风。这便是成语"百步穿杨"的由来。

秦汉魏晋南北朝时期,射箭在卫国强兵的军事活动中仍然具有不可忽视的地位。《汉官六种》中就对军人练习射艺的情况有所描述:成年男子二十三岁时被征兵入伍,第一年充当普通的卫兵,第二年为材官骑士,开始学习射箭、骑马和阵法等基本的作战技能。当时军中涌现了许多善射的能手,最著名的是长于骑射的飞将军李广。据《汉书·李广传》记载,李广身材高大,两臂如猿,善于射箭,闲暇时经常与别人画军阵、比射箭,并以射中箭靶多少的方式来决胜负,负者喝酒以示惩罚。一次李广外出打猎,见草丛中卧着一只猛虎,他一箭射去,火星四溅,近前一看,原来是块大石头,而箭头则已深深地射进了石头之中。可见他射箭之神力了。卢纶《塞下曲》曰:"林暗草惊风,将军夜引弓。平明寻白羽,没在石棱中。"描写的就是这个故事。

李广骑射图

在民间,也多有射箭比赛的记载,虽然还带有周代"射礼"之风,但多已脱离了礼制范畴,以竞技娱乐为主。如《北史·魏诸宗室》记述:北魏孝武帝在洛阳的华林园举行过一次射箭比赛。比赛时,将一个能容二升的银酒杯悬于百步以外,让十多个擅长射箭的人共同竞射,射中的人可以获得银酒杯作为奖励。濮阳王元顺善射,发矢即中,皇帝大为高兴,赐以金帛。

唐代,与射箭有关的活动更为兴盛。太宗朝的某年九月九日,皇帝亲自主持了一次赐射活动,高品官员依次轮射,中者均可获得奖赏。但有些官员并不善射,常常闹出笑话。宋国公萧瑀就是这样一个人,射艺不精,箭都射不中箭靶。为

此,欧阳询曾专门写诗嘲笑他,诗曰:"急风吹缓箭,弱手驭强弓。欲高翻复下,应西还更东。十回俱着地,两手并擎空。借问谁为此,乃应是宋公。"(《全唐诗》卷八百六十九《嘲萧瑀射》)萧瑀射箭时的滑稽姿态被刻画得入木三分。

　　武则天做皇帝时,在科举考试中创设武举科,射箭被列为武举考试的主要内容,包括长垛(静止远距离长射)、马射(骑射)、步射(徒步移动时射箭)和筒射(用筒箭射击)等项目考试,说明射箭活动在唐代的作用愈来愈突出。武举科主要是选拔和培养军事武艺人才,为了能够在武举考试中拔得头筹,实现保家卫国的人生理想,当时的人们争相习练射箭。令狐楚《少年行》诗就说:"家本清河住五城,须凭弓箭得功名。等闲飞鞚秋原上,独向寒云试射声。"当时,妇女射箭活动也十分盛行,杜甫《哀江头》一诗中"翻身向天仰射云,一箭正坠双飞翼"正是对妇女们射箭技艺的形象描绘。由于射箭具有竞赛性与娱乐性,因而又常常成为文人们的一项文娱活动。唐代浪漫大诗人李白、诗圣杜甫,均是射箭能手。李白自诩是射箭高手,能一箭射穿双虎,他在《赠宣城太守兼呈崔侍御》诗中说:"闲骑骏马猎,一射两虎穿。回旋若流光,转背落双鸢。"青年时期的杜甫也是一个骑射的能手,曾和他的好朋友苏源明"春歌丛台上,冬猎青丘旁。呼鹰皂枥林,逐兽云雪冈。射飞曾纵鞚,引臂落鹙鶬"(杜甫《壮游》)。这些描写,虽为文学语言,不无夸张,但他们善于骑射应该是事实。

　　由于射箭活动的广泛开展及各种比赛、考核项目的推行,唐代也不乏技艺高超的射箭能手。一代名将薛仁贵就是射箭高手,他"三箭定天山"的故事广为流传。据《旧唐书·薛仁贵传》记载,高宗朝回纥铁勒统率九姓突厥(九个部落联盟)聚兵十余万人侵犯天山,薛仁贵领兵迎战。出征前,高宗取出将士穿戴的胸甲对薛仁贵说:古代善射的人能够射穿七层皮甲,你且射五层试试。薛仁贵毫不犹豫,一箭就将五层皮甲全部射穿,其弓法之善、力量之强令高宗都大为吃惊。在征战中,铁勒派几十员大将前来挑战,薛仁贵应声出战,连发三箭,射杀敌人三员将领,其余的人看到薛仁贵如此英勇善射,都立即下马请求投降。自此,九姓突厥开始衰落,不再为患边疆。当时军中纷纷传唱"将军三箭定天山,战士长歌入汉关"的歌谣。据宋王说《唐语林·补遗一》还记载,玄宗朝,羽林军将领刘洪擅长骑射,曾经在陪侍玄宗时,使人在风中掷出羽毛,刘洪连发数箭射它,没有射不中的。这种"风中射鹅毛"的技能,比养由基的"百步穿杨"更为高妙。

　　唐代文人也同样具有高超的射箭技艺,优秀者往往不输给军人。进士薛公达曾在凤翔军为僚佐,就以箭术轰动全军。

古人射箭比赛场景

九月九日,全军举行射箭比赛,箭靶设在离地一百数十尺的高处,射中的人可以获得金银锦缎等奖赏。可是全军的人都去射箭,竟然没一个人能够射得中,这时候薛公达站出来,手拿硬弓,屏气凝神,连射三次,三次皆中,最后把箭靶都给射坏了,不可复射。每射中一次,全军将士就高呼一次,连中三次,呼笑了三回。薛公达出尽了风头,却让军帅感到颜面尽失,不免心中不快,后来薛公达主动辞去了僚佐一职。(《韩昌黎集》卷二十四《国子助教河东薛君墓志铭》)

两宋时期,射箭活动继续被上层统治者所重视,三月清明,"诸军排阵,作迎敌之势。将佐呈比体挑战之风,试弩射弓,打球走马,武艺呈中,赏犒有差,军卒劳绩,给以钱帛"(《梦粱录》)。试弩射弓既是军事技术演练,也是锻炼身体的有效方法。民间对它的喜爱程度也达到了前所未有的程度,其中最具有代表性的莫过于民间自发组织的"弓箭社"了。

据苏轼《乞增修弓箭社条约状》记述:宋仁宗时,西夏赵元昊领兵四十余万侵扰宋民,朝廷禁军二十五万"皆不得用,卒无战功",多亏了范仲淹、刘沪、种世衡等人组织陕西、河东民间的蕃、汉居民成立弓箭社,才挡住了赵元昊的进攻。河朔一带,自宋辽澶渊之盟讲和以来,百姓也自发结成弓箭社,不论家业高下,每户出一人。入社者自备弓一张,箭三十只,刀一把。弓箭社设社头、社副、录事等头目,推选家资、武艺出众者担任。当时,弓箭社数量众多,规模庞大,仅定州、保州等地,就有588个村(组)组建了651个弓箭社,成员有31411人,个个都是弓箭能手,弓矢技艺高强。不过,这种在北方乡村成立的弓箭社只是一种半军事化的团体组织,社员亦民亦兵,"带弓而锄,佩剑而樵",平时分队巡逻,遇到外邦或者强盗侵犯,击鼓示警,顷刻可以召集上千人,起到保家御敌的作用。南宋时,真正具有武术表演性质的职业性弓箭社开始出现。据《梦梁录》《西湖老人繁胜录》《都城纪胜》等笔记小说记载,南宋杭州知名的民间射箭组织有"锦标社(射弩)""川弩社""射弓踏弩社""射水弩社""川弩射弓社"等多种,每社"不下百人",其中有男有女,社员都具有一定的武艺水平,如"射弓踏弩社","皆能攀弓射弩,武艺精熟,射放娴习,方可入此社耳"。可见在当时,射箭已经具有表演性质,并且是民间娱乐休闲的重要方式。

辽、金、元时期,对于北方的少数民族来说,骑马射箭是他们生存的基本技能,每逢重大节日,经常举行各种骑射活动。

辽代有"射兔"活动,每年的三月三日"上巳"节,契丹民族就把木头雕成兔子形状,放在草丛里作为箭靶,参加活动的人分成两队骑着马进行射兔比赛。每次每队出一人,先射中兔子的为胜,输的一方要下马跪着向胜利者敬酒,胜方则骑在马上洋洋得意地将敬酒喝完。(《续文献通考·乐考》)显然,"射兔"是契丹人在狩猎生活基础上,发展演变而来的一项带有娱乐色彩的竞技活动。能在飞奔的马上,射中隐藏在草丛中的木兔,想必不是一件容易的事情。

金朝有"射柳"游戏,五月初五端午节这天,皇帝要与百官同乐,一起箭射柳枝取乐。游戏场地设在宽大空旷的马球场上,球场两边插着两排柳枝,柳枝上束系白帕,起到标识的作用,并刮掉部分柳皮露出白色,参加游戏的人按照身份的尊卑高低先后出场。比赛过程中,一个人骑马在前边引导,参赛者策马急驰紧随其后,使用特制的"无羽横簇箭"瞄准柳枝的白色部分射击。既能射断柳枝,又能在马上捡拾起断枝的为优

等,射断柳枝而不能捡拾的为次等,其他情况如从青色的地方射断柳枝、射中柳枝但不能射断以及没有射中的,都判负。在射柳的时候,旁边还会有人擂鼓助威,营造紧张的气氛。(《金史·礼志》)柳枝细小柔软,微风一吹便是一个移动的靶子,能立定步射已非易事,驰骋马射更属难上加难。射柳既是一种娱乐休闲活动,也具有演习骑技与射艺的意义,在娱乐之余,达到练兵的目标。

古代射柳图
(据清道光帝《绮春园射柳图》绘制)

建立元朝的蒙古人也是游牧民族,射柳之风相沿不改,比赛规则与金代也几乎一模一样。元朝大将张弘范曾写过一首

《射柳》诗:"年少将军耀武威,人如轻燕马如飞。黄金箭落星三点,白玉弓开月一围。箫鼓声中惊霹雳,绮罗筵上动光辉。回头笑煞无功子,羞对熏风脱锦衣。"在他的笔下,射柳俨然成了对个人骑术与射艺的炫耀。

明、清两朝,射箭活动仍然十分盛行。据《明太祖实录》记载,洪武二十四年(1391年)端午节,"宴群臣于奉天门。是日,上幸龙光山,阅公侯子弟及将校射柳。中者,赏彩帛"。这种贵族子弟的射柳,带有游戏兼表演性质。永乐十一年(1413年)端午节,皇帝"车驾幸东苑,观击球、射柳,听文武群臣、四夷朝使及在京耆老聚观"。这次射柳活动在马球之后进行,自皇太孙以下,诸王大臣按顺序击射,皇太孙击射连发连中,明成祖十分高兴,赐其马、锦、绮罗、纱及蕃国布。诸王大臣以下击射中者,也能获得彩币、夏布等赏赐。(《明成祖实录》)与金、元时代箭射插在地上的去皮柳枝不同,明代射柳增添了一些新的规则。明人周应宾的《识小编》记载:"以鹁鸽贮葫芦中,悬之柳上,弯弓射之,矢中葫芦,鸽辄飞出,以飞之高下为胜负。往往会于清明端午日,名曰射柳。"评判射柳的成绩时,明朝人竟然以挂在柳枝上的葫芦落地震开后,葫芦中鹁鸽飞出的高低为标准,而不是以射技的优劣论输赢,射柳的娱乐意味渐浓而竞技意味渐淡。

清朝满族以"骑射立国",俗尚弯弓盘马,凡是善于骑射、勇于征战和长于驱逐野兽的人,都被誉为"巴图鲁"(英雄)。满族入关后,骑射之风重又浸染中原大地。乾隆皇帝很喜欢这种竞技,每次去木兰围场狩猎,"未至木兰之前,途次每到行宫,上辄坐宫外较射"。八旗将士居家亦以骑射为娱,"家有射圃,良朋三五,约期为会"。当时流行的娱乐射法有"射鹄子"

(高悬栖皮,送以响箭)、"射月子"(即画布为正)、"射绸"(悬方寸之绸于空而射之)、"射香火"(于暮夜悬香火于空而射之)等(震钧《天咫偶闻》卷一),都有较高的技巧要求,不再是力量的比拼,已具有明显的娱乐性质。

清代射箭图
(据法国王致诚《乾隆射箭油画挂屏》绘制)

清末,随着火器在战争中的出现和运用,弓箭等冷兵器逐渐退出了历史舞台。在现代社会,射箭融竞技性、娱乐性、健身性于一体,仍是人们休闲娱乐的一项重要运动。这项充满竞技性与挑战性的古老体育运动在人们追求刺激、新奇与重返自然的心理驱动下,正在被越来越多的现代人所喜爱。

 博弈游戏

  博弈游戏是我国古代娱乐生活的重要组成部分。博,即博戏,主要指借助于掷骰子以决输赢的游戏,如六博、双陆、樗蒲等;弈,泛指棋类游戏,如围棋、象棋等。博弈游戏在我国古代非常盛行,经久不衰,极为普及,拥有广泛的群众基础,上至皇帝显贵,下到平民百姓,都特别喜欢这类游戏。博弈游戏带有自娱自乐的性质,人们在博弈中,充分发挥自己的聪明才智,去谋求最终的胜利,享受着游戏带来的无限乐趣,以达到放松身心的目的。

六博:成枭而牟呼五白

六博,又称"博""陆博",是一种掷采行棋角胜的古老游戏,是我国最早出现的博戏,有"博戏之祖"之称。《史记·殷本纪》说:"帝武乙无道,为偶人,谓之天神,与之博,令人为行,天神不胜,乃僇(lù)辱之。"就是说,殷(商)王武乙曾做木偶人,称它为"天神",让别人代替天神行棋与他玩六博游戏,结果天神输了,武乙为此还羞辱了天神一番,对天神十分不敬。如果司马迁的记载没有错误,那么六博最迟在商代就已经出现。

春秋战国时期,六博之戏非常流行。许多历史文献如《左传》《庄子》《楚辞》《史记》等,都有相关记载,玩六博游戏的人涉及诸侯、贵族、大夫、士和平民各类群体。我们可以通过几个故事一起来了解当时六博的流行情况。

公元前681年秋天,宋湣公在蒙泽游猎,休息的时候与大将南宫万玩六博。游戏过程中,南宫万争强斗胜,毫不相让,令湣公很生气,说:最初我很敬重你,现在你只不过是鲁国的一个俘虏,怎么还敢和我争胜!原来在此前一年,南宫万曾因战事失利被鲁国俘虏,后在宋国的请求下才被送回宋国。南宫万听到湣公这样说,心中十分不快,竟然抓起六博棋盘把湣公打死了。(《史记·宋微子世家》)

战国时期,魏国的安釐王有一次正在宫廷里和弟弟玩六博,忽然烽火传来,说邻国赵国已经举兵入侵,打过边界了。

魏王大惊，赶紧停止游戏，马上要召集文武大臣商议御敌之计。他的弟弟却阻止他，不慌不忙地说："赵王不过是在田猎，不会进攻魏国。"两人接着继续对博，可是魏王担心前方战事，心思根本不在游戏上。过了一会，前方又传来消息，证实弟弟所言非虚，赵王确实是在打猎。魏王十分吃惊，经询问得知，弟弟安插不少门客在赵王左右，所以对赵王的行踪了如指掌。经过这件事之后，魏王非常忌惮弟弟的才能，始终不敢让他参与魏国国政。(《史记·魏公子列传》)这位弟弟就是赫赫有名的战国四公子之一的信陵君魏无忌。

《史记·刺客列传》还记载了一件发生在战国末年的事，以刺杀秦王嬴政闻名天下的勇士荆轲，一次游历赵国邯郸，与一个叫鲁句践的人玩六博。对博过程中，两人因抢占棋道发生争执，鲁句践大怒，叱骂荆轲。荆轲觉得很没面子，又不愿继续和他纠缠，只好默无声息地逃走了，从此再也不和鲁句践会面。另据《庄子·骈拇》载，分别名叫"臧"和"谷"的两个人，同时在野外牧羊，结果都把羊弄丢了。臧是因为牧羊时专心读书，无暇顾及羊群，而谷则是因为专心于六博、格五游戏。庄子评论说，两个人虽然干的事不同，一个忙于学习，一个忙于游戏，但是在弄丢羊的事情上并没有区别，都不值得提倡。上述几个事例充分说明，在春秋战国时期六博游戏相当兴盛，并深受人们的喜爱。

那么，六博是怎么玩的呢？从上面的故事里能够看到，六博一般是两个人玩的，游戏时使用棋盘，有胜负之分。根据其他史料，六博器具还包括棋子、"箸"和"筹"，是一种棋类游戏。六博棋盘用青铜铸造或者用石板雕琢而成，近似方形，上面刻有纵横交错的棋道。1974年河北省平山县战国中山王墓出土

了一具用石片拼合而成的六博棋盘,棋盘长45厘米,宽40.2厘米,盘面中央刻有一个方框,方框四周各有T形棋道,棋盘四边和四角有L形及一字形棋道,底纹由浮雕的涡形和兽形纹饰组成。这件出土文物直观展示了战国时期六博棋盘的形制。

战国六博棋盘
(据河北省平山县战国中山王墓出土实物绘制)

"箸"又称"采",形状细长,用半边无节竹管制成,中空部分填上实物,断面平整,底部圆滑。箸的作用相当于后来出现的骰子,游戏时先投箸,然后按投箸出现的结果行棋。东汉许慎《说文》记载:"簙,局戏也,六箸十二棋也。"这里的簙就是六博,局是指棋盘,它有六根箸和十二个棋子。两人对博,每人六个棋子,箸是两人共用。"筹"是在对博中根据行棋的情况用于计算输赢的博筹,类似后来的筹码。1978年,山东曲阜鲁国故城遗址出土了两副战国时期的六博棋子和博筹。棋子为正方形,边长二厘米左右,为了不致混淆,双方棋子在质料上有所区别:一副是六枚象牙棋子和六枚半透明的玉料棋子,另一副棋子分别用白石和青玉制成,也各六枚。两副博筹分别是筷形牙筹和筷形银筹各一束。

至于行棋规则,《楚辞·招魂》中略有提及:"菎蔽象棊,有六簙些。分曹并进,遒相迫些。成枭而牟,呼五白些。"大体上是说,六博的箸用一种被叫作菎蕗的竹子制成,棋子用象牙制作,双方运子进攻,相互逼迫。当棋子变成"枭"时,就高兴地叫喊起来,并不断大声喝彩,希望掷出"五白"。"五白"可能是六根箸投掷时出现的最好结果,"枭"可能是由普通的棋子在一定的条件下变化而来,比普通棋子的作用更大,所以"五白"和"成枭"都值得期待和欢呼。

发展至汉代,六博普及程度达到了历史上的最高峰,当时的宗室贵族、达官显贵,甚至是黎民百姓、乡野村夫都爱玩六博游戏,一时竟成风尚。汉代文帝、景帝、武帝、昭帝、宣帝都喜爱博戏,其中尤以景帝、宣帝为甚。汉景帝刘启还是皇太子时,吴王刘濞的太子入朝陪侍,有一次嗜好六博的刘启与吴太子对博。吴太子轻捷勇悍,素来骄横,对博中与刘启争棋路,态度不恭。皇太子拿起棋盘猛击吴太子,结果把他给打死了,与南宫万击杀宋湣公如出一辙。(《史记·吴王濞列传》)吴太子意外死亡之后,吴王和景帝之间的裂隙逐步加深,最终导致吴楚"七国之乱"的爆发。汉宣帝刘询即位之前,生活在民间,也

经常与杜陵人陈遂玩六博,陈遂常败在宣帝手下,输了很多钱。宣帝即位后,将这位同道好友提升为太原太守,并赐书说:太守的官尊禄厚,你可以偿还以前玩六博时欠下的债了吗?你的妻子当时也在场,她知道情况。陈遂回书,辞谢宣帝授官之后,开玩笑地说:欠债这件事是在您大赦天下之前,现在似乎不要偿还了吧!(《汉书·游侠传》)当然宣帝追债也是戏语,并不真的打算要陈遂偿还,两人因六博结下的深厚感情可见一斑。另据《汉书·景十三王传》记载,广川王刘去"好文辞、方技、博弈、倡优"。《后汉书·梁冀传》载:时称"跋扈将军"的外戚梁冀"少为贵戚,逸游自恣。性嗜酒,能挽满、弹棋、格五、六博、蹴鞠、意钱之戏,又好臂鹰走狗,骋马斗鸡"。可见,像刘去、梁冀这样的皇亲国戚也都喜欢玩六博。

六博游戏不仅盛行于贵族阶层,普通百姓玩六博亦很普遍。据《汉书·食货志》说:当时的世家子弟和富人有的斗鸡赛狗赛马,有的射猎六博,严重扰乱了平民百姓的生活。另据《汉书·五行志》记载,哀帝建平四年(前3年)夏天,"京师郡国民聚会里巷阡陌,设祭张博具,歌舞祠西王母"。西汉时还有位叫许博昌的安陵人,擅长六博,经常与窦太后的侄儿窦婴一起游戏。许博昌对六博很有研究,著有《大博经》一篇,流传于世,又创编了一套六博的游戏口诀:"方畔揭道张,张畔揭道方;张究屈玄高,高玄屈究张",或者是"张道揭畔方,方畔揭道张;张究屈玄高,高玄屈究张"。口诀用回文诗句,朗朗上口,京师周围的儿童都能记诵。(《西京杂记》)由此可知,汉代六博无论是在宫廷还是在民间都极为兴盛。

汉代六博玩法与战国时期基本相似,作为一种棋类游戏,在本质上没有区别,但在棋盘、棋子和用箸方面略有变化。棋

盘除了继续沿用过去的石质外,多数是用一块方形或长方形

汉代六博棋盘
(据放王岗、马王堆汉墓出土实物绘制)

的木板制成，一般边长三十至四十五厘米，外镶铜框。棋盘上设置的棋道有多种形制，大体上都是中间一个大方框，方框四角有四个符号，为圆圈、方框、鸟形图案或花瓣图案，其余部分刻有T形、L形曲道。

棋子仍是十二颗，大小在二到五厘米之间，多为长方体，象牙材质或者玉质、石质。与战国时期不同的是，汉代六博棋子有两种类型，一类是形制大小完全相同的十二颗棋子，双方六颗棋子有颜色区分，六黑六红或六黑六白；另一类是十二颗棋子分两组，每组六颗一大五小，大棋和小棋颜色不同。

箸的数量一般是六根，也有只用二根箸或者用八根箸的。还有用一颗茕（qióng）或者两颗茕代替箸的，与长条状的箸相比，茕是十八面的球体，也叫"琼"或"煢"，一面刻"骄"字，一面刻"䰍"字，其余各面分别刻数字一到十六，以所掷茕静止后最上面的刻字行棋。棋子的形制发生变化和茕出现之后，玩法趋于多样，常见的有大博和小博两种。大博，双方分别使用一大五小棋子，大棋称为"枭棋"，小棋称为"散棋"。"枭棋"作用更大，投箸行棋过程中，双方都可以吃对方的棋子，最终胜负取决于"枭棋"是否被吃，后来出现的象棋显然借鉴了这种玩法，"将""帅"被吃就意味着输局。小博玩法约在东汉时期盛行，使用大小相同的棋子和两颗茕，另外双方各有圆形的"鱼"一枚，分别放置在靠近己方的中部称作"水"的地方。双方掷茕行棋，棋行到规定之处即竖起，名为骄棋，骄棋可以入水吃掉对方的鱼，最先吃掉对方三次鱼的一方获胜。(《古博经》)

1972年，河南省灵宝县东汉墓出土了一套绿釉陶六博俑。座榻两侧跽（jì）坐两俑对博，右边一人两手摊开，左边一人双手向上前举，似乎在拍手叫好。两人中间放置一个长方形博枰,一边摆着六根长筹,另一边摆着方形棋盘,棋盘两边各有六枚方形棋子,中间有两枚圆形的"鱼"。这种六博玩法与史书记载的小博基本相符。

东汉六博俑
(据河南灵宝县东汉墓出土实物绘制)

魏晋南北朝时期,六博之戏开始衰落。颜之推在《颜氏家训》中说:"古为大博则六著,小博则二茕,今无晓者。比世所行,一茕十二棋,数术短浅,不足可玩。"汉代流行的大博、小博玩法到南北朝时期基本上都不为人所知了,当时流行的是一茕十二棋玩法。茕也由原来的十八面球体演变为六面立方体,每面镂刻一到六个点。玩法简单之后,六博逐渐遭到人们的冷落。同时,六博掷采行棋,比赛时更多依赖掷采的运气,靠的是侥幸取胜,正如汉代班固所说,"夫博悬于投,不专在

行,优者有不遇,劣者有侥幸,踦挐相凌,气势力争,虽有雌雄,未足以为平也"(《弈旨》),即使取胜了也显示不出双方的水平。

隋唐以后,六博渐至湮没失传,被其他更为有趣、更为刺激的博弈游戏所取代,最终退出了历史舞台。

双陆:彩骰清响押盘飞

"双陆"又称"双六",因对局双方各有六枚棋子而得名,它是中国古代另外一种常见的博戏。关于双陆的起源,一种说法认为它是三国时期的曹植发明的,如唐朝人编辑的《续事始》载:"陈思王(曹植)制双六局,置骰子二。"另外一种说法认为双陆起源于印度,如南宋洪遵在《谱双》序中说:"双陆最近古,号雅戏","盖始于西竺(印度),流于曹魏"。后人综合了这两种说法,认为双陆起源于印度,传入我国则是从曹植开始的。(明代俞弁《山樵暇语》)

到南北朝时期,这种游戏已经非常流行,当时会玩双陆的人很多。例如,南朝梁爆发侯景之乱,京城建康(今南京)被叛军层层包围,驻守郢州武城(今湖北武汉)的湘东王萧绎按兵不动,一次在军中与中记室参军萧贲玩双陆。萧贲是位耿直的人,见萧绎吃了子却不拿下,于是对萧绎说:"殿下您全然没有下的意思。"这句话一语双关,既是指萧绎执棋不下,也有指责萧绎按兵不动、不去解救梁武帝被困之围的意思。由此,萧绎深深地恨上了萧贲,后来找了一个理由杀掉了萧贲。(《资治通鉴·梁武帝太清三年》)唐代段成式《酉阳杂俎》也记载,梁朝荆州的官吏们经常在一起玩双陆,有的人钱输完之后,以金钱花充当赌资。金钱花是珍稀花品,更受玩双陆的人欢迎,太守鱼弘就曾说"得花胜得钱",能够赢到金钱花比赢到金钱还令人高兴。

　　唐代,双陆依然非常盛行。宫廷之中随处可见玩双陆的人。据唐人薛用弱《集异记》记载:侍臣张昌宗深受武则天的宠爱。有次南海郡进献一件"集翠裘",珍丽异常,武则天便将其赐予张昌宗,令他穿着"集翠裘"陪着玩双陆。适逢宰相狄仁杰有事入奏,武则天就命狄仁杰与张昌宗两个人对博。玩双陆要有彩头,狄仁杰提议赌张昌宗身上穿的集翠裘,自己则以紫袍官服作赌注。武则天不同意,笑着说:卿还不知道此裘价逾千金吧,你的衣服和它相比,显然不是一个等次的。不料狄仁杰回答道:臣的紫袍是大臣朝见奏对时穿的衣服,而昌宗的裘衣只是姿幸宠遇之服。用我的官袍赌昌宗的裘衣,臣还不愿意呢! 武则天已经做出了二人对博的安排,虽为张昌宗的"集翠裘"可惜,但不好更改,就依照狄仁杰的提议让二人游戏。张昌宗听了狄仁杰说的话之后,心神沮丧,全然没有了气势,双陆对博连连败北。狄仁杰当着武则天的面穿上集翠裘,拜恩而出,刚出朝殿,转手就把这件珍贵的裘衣赠给了家奴,表达它只适合奴才穿的意思。

　　又据《新唐书·狄仁杰传》记载,女皇武则天想立侄子武三思为太子,询问大臣们的意见,众人都不敢回答。只有狄仁杰谏言,"当立庐陵王李显为太子",结果惹得武则天大怒,立太子的事就暂时搁置下来。过了一段时间,武则天在朝会时问

大臣：朕多次梦见与别人玩双陆，但都不能取胜，是什么原因呢？狄仁杰和另一位大臣王方庆正好在场，同时说：双陆棋无法取胜，是因为陛下您手中无子。言外之意是陛下您立太子时不要忘记自己的儿子，借双陆无子不能取胜的道理，重劝武则天册立儿子李显为太子。武则天最后同意了大臣们的建议，李显就是后来的唐中宗。李显本人也非常喜爱双陆。他当了皇帝以后，经常把武三思招进宫中，升起御床，令武三思和韦后玩双陆游戏，中宗则在旁边亲自为他们计筹（《旧唐书·后妃传》）。唐玄宗也经常玩双陆，每次与杨贵妃及诸王游戏，玄宗稍有失势，手下人就呼叫"雪衣女"。"雪衣女"是一只白鹦鹉，颇为聪慧，洞晓言词，玄宗和贵妃都非常宠爱它。"雪衣女"听到呼叫，就飞到棋盘上把棋子打乱，扰乱棋局，或者啄嫔御和诸王的手，让他们下不成棋。在白鹦鹉的帮助下，玄宗战无不胜。（《明皇杂录·逸文》）宫廷画家周昉有一幅《杨妃架雪衣女乱双陆图》再现了鹦鹉扰局的生动情景，可惜此画现已失传。

不唯帝王、大臣喜好双陆，唐代宫女也经常玩双陆。王建《宫词》有"各把沉香双陆子，局中斗累阿谁高"诗句，描写了宫女手捻沉香棋子玩双陆的情景。民间也不乏酷爱双陆之人。唐张鷟《朝野佥载》记载：唐高宗时期，贝州有位叫潘彦的人，极为喜好双陆，整日局不离身。有一次泛海遇风，船破落水，此人右手抓住一块木板，左手抱着双陆棋盘，嘴里含着双陆骰子，经过两天一夜的漂流，上岸时双手被海水侵蚀几乎露出骨头，而棋盘仍在手里，骰子也还在口中，都不舍得丢弃。这真是一个舍命而不舍双陆的超级双陆迷。

唐代女子双陆图
(据周昉《内人双陆图》绘制)

辽宋金元时期,双陆在各地更为普及。《辽史·伶官传》载,辽国兴宗耶律宗真与皇太弟耶律重元玩双陆,经常以居民城邑为赌注,兴宗屡败,输掉不少城邑给弟弟。宋徐梦莘《三朝北盟会编》记载了一个因双陆游戏引发争执的故事:辽道宗年间,有次金国首领完颜阿骨打到辽国出使,与辽国贵人玩双陆。期间,贵人没有按照投出的骰子行棋,阿骨打非常气愤,拔出小佩刀欲刺杀对方。随行的金国大臣完颜希尹连忙阻止,结果被阿骨打刺中胸部,所幸并无大碍。见此情景,辽道宗大怒,大臣一致建议诛杀阿骨打,但道宗迫于礼节,"吾方示信以待远人,不可杀",并没有因为这次双陆争执而杀掉阿骨打。从这个故事可以想见,在辽金两国双陆是多么的兴盛。南方的两宋王朝更是如是,尽管宫廷之中玩双陆已不多见,但在民间的酒楼茶馆里,多设有双陆盘,供人们边品茶边玩双陆。城市中还出现了专门的双陆组织,专事双陆游戏。迄至元代也是如此。《元史·哈麻传》载,元顺帝甚为宠幸侍臣哈麻,"帝每即内殿与哈麻以双陆为戏"。元代谢宗可《双陆》诗也反映了这种博戏在士大夫阶层的流行情况,诗云:"彩骰清响押盘飞,曾记唐宫为赐绯。影入穿梁残月在,声随征马落星稀。重门据险应输掷,数点争雄莫露机。唯恨怀英夸敌手,御前夺取翠袤归。"一边玩双陆,一边感叹狄仁杰赢得集翠袤的豪举。

宋元时期双陆图
(据陈元靓《事林广记》绘制)

关于双陆的玩法,司马光在《资治通鉴》中说:"双陆者,投琼以行十二棋,各行六棋,故谓之双陆。""琼"是骰子的别称,双陆最初有十二颗棋子,双方各六个进行对局,对局时投骰子行棋。从双陆棋子数和行棋方式来看,它与六博颇有相似之处,以至于经常有人把双陆和六博混为一谈。唐代以后,双陆棋子增加到三十个,从前文的"双陆图"能够看到,双陆棋盘形制与六博明显不同。

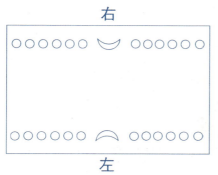

宋代北双陆布局图
（据《谱双》绘制）

另据南宋洪遵《谱双》所述，双陆棋子叫做"马"，黑白各十五枚，一般为木质，有时也用水晶、犀角、象牙等材质制作的棋子，北双陆棋子形状如捣衣椎，底部圆平，上部圆尖，三寸二分高。骰子为木质或角质，正立方体，六面刻一至六点。北双陆棋盘多为木质，约有围棋棋盘一半大，棋盘两边的中部分别刻有一个月牙形的"门"。"门"的左右两边分别刻六条直线形的棋道，棋道贯穿棋盘，双方各十二路，称作"梁"。

游戏开始前，双方分别在各自的右前六梁、左后一梁布五个马，右后六梁布二个马，左前二梁布三个马。游戏时用两个骰子，轮流投掷，依据掷出的点数决定双方行棋的先后及步数。白棋自右向左走，黑棋自左向右走。一条梁上如果只有一个马，对方可以攻击，被打下的马依骰子点数放回局中空位重新再走；如果有两个马，叫"成梁"，则不能攻击也不能侵占它的位置。最终以马先出尽者为胜。除了北双陆玩法以外，《谱双》中还罗列了广州双陆、大食双陆、日本双陆等其他地区的双陆玩法，它们在规则上与北双陆略有区别。

宋代打北双陆图
（据《谱双》绘制）

从实物资料看，1973年新疆吐鲁番阿斯塔那唐墓出土了一件双陆棋局，长28厘米，高7.8厘米，局面上沿长边中央有月牙形的"门"，左右各有六个以螺钿镶成的花眼，局中央有纵向、横向格线各两条，围成三个空间，内以螺钿镶嵌成云朵、花枝、飞鸟图案。

唐代双陆棋局
（据新疆吐鲁番阿斯塔那唐墓出土实物绘制）

1980年甘肃省武威市南营乡青嘴湾弘化公主墓出土了涂彩象牙双陆棋子21枚,棋子形状如罂粟子。

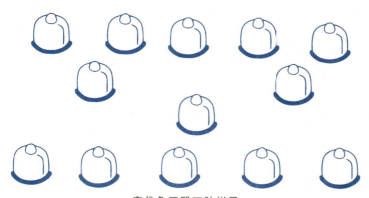

唐代象牙雕双陆棋子
(据甘肃省武威市南营乡弘化公主墓出土实物绘制)

1974年辽宁法库县叶茂台辽墓中也出土了一副双陆棋具。棋盘长52.8厘米,宽25.4厘米,左、右两个长边各以骨片嵌制了12个圆形的"路"标和一个新月形的"门"标。棋子为尖顶平底中有束腰,高4.6厘米,底径2.5厘米,共30枚,一半为白子,一半施黑漆为黑子。文献所记与这些实物资料基本相符。

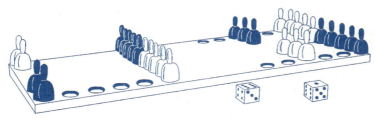

辽代双陆棋具
(据辽宁法库县叶茂台辽墓出土实物绘制)

明清时期,双陆仍在上层贵族和仕女中间流传,不过已略呈衰势。明代臣相严嵩之子严世蕃就很喜欢玩双陆,不过他的玩法非常过分。明人赵善政《宾退录》载:"有金事董某以人双陆馈严世蕃,织紫绒罽(jì)为局,饰女童三十人分红、白绣衫各十五,每对直,当食子,则应移女子抱当食女子出局。"严世蕃以地毯为棋局,把女童当棋子,这种双陆玩法,显然只有纨绔子弟才能做得出来。清代李渔《风筝误》、李汝珍《镜花缘》等小说、剧本中对双陆游戏也有提及。大概是由于双陆与其他博戏一样,带有赌博的性质,在人们的反对和抵制声中,便逐渐地消亡了。今天,有人在电子游戏中复原了双陆,感兴趣者可以从中感受一下在中国古代流行了两千年的这一古老游戏的魅力。

樗蒲:能销永日是樗蒲

樗蒲,又称摴蒲、摴蒱或樗蒱,因博具中掷采的骰子最初用樗木制作而得名,也是我国古代博戏的一种。相传,樗蒲是由老子所创。东汉马融《樗蒲赋》载,"昔有玄通先生,游于京都,道德既备,好此樗蒲,伯阳入戎,以斯消忧。""玄通""伯阳"都是指老子,马融说他喜好樗蒲,在西戎时经常用它消解愁闷。晋张华《博物志》也有"摴蒲,老子入西戎所造"之说。南朝宋何法盛《晋中兴书》记载:"樗蒲,老子入胡所作,外国戏耳。"对于老子发明樗蒲的这一说法,今人多表示怀疑,认为只是为了抬高樗蒲的身价，依托附会而已，因为老子晚年去西域这件事本身就不可靠，更不应说他在西域玩樗蒲了。现代人根据樗蒲的游戏规则，一般认为樗蒲是在六博游戏的基础上加以改进形成的，西汉时期才开始出现。据晋葛洪《西京杂记》记载，西汉时期京兆（都城长安）有位姓古的人，当了四十多年的都掾史，级别不高，但他"学纵横、揣摩、弄矢、摇丸、樗蒲之术"，还擅长俳优戏，与他一起谐谑的都是手握权要之人，京兆尹赵广汉去拜访他都要下车徒步前往。从这条记载看，樗蒲在当时社会已经开始流行。

关于樗蒲的棋具和玩法，古籍略有记载。根据马融《樗蒲赋》、唐朝李翱《五木经》、李肇《唐国史补》、宋朝程大昌《演繁露》等文献资料可知，樗蒲与六博相似，也是一种掷采行棋的游戏。樗蒲棋具有"木""马""枰""矢""杯"。"木"也称骰子，是樗蒲使用的掷具，最初为木制，共有五枚，所以樗蒲也被称做"五木"。后来有用玉石、象牙或者兽骨制造的，但仍然沿袭"五木"这一称呼。"木"的形状像杏仁，两头尖锐，中间平广，共有两面，一面涂成黑色，另一面涂成白色。其中有两枚"木"分别在黑色的一面画"犊"（牛犊）、白色的一面画"雉"（野鸡）。由此，投掷五木，便会出现十多种不同的组合，这称之为"采"。"马"是棋子，两人对局时每人六枚"马"，五人对局时每人四枚"马"，每个人的"马"颜色不同，以示区别。"枰"是棋盘，奢华的使用毛毡等织物，最简单的可以划地为枰。棋枰上摆放"矢"作为棋道，供行棋之用。"矢"的形状和质地像竹签，多者用三百六十枚，少者用一百二十枚，各自均分成三份，排成均等的三节，节与节之间留有空隙，叫"关"，关前或关后的一矢叫"坑"或"堑"。"杯"是掷放五木的器具，类似于后世的骰盆。

　　樗蒲的玩法是，参加者各执一色的"马"数枚，轮流掷五木投采，并根据所投采数行马，马行于由三套矢所组成的路线上，通过关、坑、堑，最先到达终点就算胜利。掷采时，五木全部黑色、二雉三黑、二犊三白或者全部白色四种情况为贵采，依次称"卢""雉""犊""白"，采数各为十六、十四、十和八。其他情况为杂采，采数从十二到二不等。

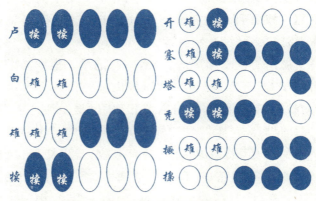

樗蒲"五木"采数图

　　掷得贵采，可以连掷，还可以打马、过关、出坑堑，杂采则不能。"打马"是当自己的马走到别人的马的地方时，可以把别人的马拿下。一方的马相遇还可以重叠，称"叠马"，掷一次五木能把"叠马"一起移动。从上述樗蒲的玩法来看，行棋规则与现在流行的飞行棋相类，但远比飞行棋复杂。

　　汉代樗蒲一度是上流社会的一项高雅游戏。它兼具趣味性和技巧性，深受宫廷贵族和文人士大夫的喜爱，是他们陶冶性情、放松身心的重要休闲活动。但是这种玩法需要有精确的计算和相当高超的技巧，游戏的耗时也比较长。东晋时期樗蒲的规则有所简化,发展出一种更加简便的玩法,即直接用掷五木所得采数来判定输赢,舍弃了棋枰、棋矢、棋子(马)等棋具。新的玩法简单易行,没有场地和参与人数的限制,一经出现,便代替樗蒲古法成为主流玩法,广受时人的欢迎。

纵观晋唐之际,樗蒲游戏的参与者遍布社会各个阶层。上至帝王将相,下到平民百姓,纷纷沉迷其中,形成了较为浓厚的樗蒲之风。

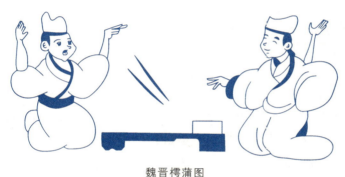

魏晋樗蒲图
(据甘肃嘉峪关市魏晋墓出土画像砖绘制)

宫廷樗蒲,以皇帝为首,旁及宫中嫔妃和朝中侍臣。有一次,晋武帝司马炎与宠妃胡贵嫔玩古法樗蒲,双方在争矢过程中,晋武帝被伤到了手指。晋武帝大怒道:"你真是一个武将的后代啊!"胡贵嫔的父亲是武将胡奋,言外之意是指责胡贵嫔太过粗鲁,如此雅戏竟被你玩得这样惊心动魄。胡贵嫔伶牙俐齿,也反唇相讥:"你爷爷司马懿北伐公孙渊,西距诸葛亮,战功赫赫,你不也是一个武将的后代吗?"一番话说得武帝面露惭色。(《晋书·后妃传》)

刘宋孝武帝刘骏也喜爱樗蒲,有次孝武帝与侍中颜师伯

一起玩新法樗蒲,孝武帝掷下骰子,采是"雉",非常高兴,以为胜券在握。不料,轮到颜师伯掷骰子时,他竟然掷出了"卢"采,按照游戏规则"卢"采是最高采,可以赢孝武帝。就在孝武帝又惊又气之际,却见颜师伯突然把骰子一收,说:"差点儿就是'卢'了。"颜师伯为讨得皇帝欢心,故意让了孝武帝,结果这天输了一百万钱。(《南史·颜师伯传》)

唐代武则天和唐玄宗也都喜好樗蒲。史载武则天时,每逢内殿宴会,宠臣张昌宗、张易之及武氏兄弟陪侍女皇,"樗蒲笑谑,赐与无算"(《旧唐书·张成行传》)。唐玄宗时,善于樗蒲的杨国忠被玄宗召进宫中,与杨贵妃一起陪玄宗玩樗蒲,经常是夜以继日,乐此不疲。晚唐诗人郑嵎(yú)《津阳门诗》云:"上皇宽容易承事,十家三国争光辉。绕床呼卢恣樗博,张灯达昼相谩欺。相君侈拟纵骄横,日从秦虢多游嬉。"描写的就是杨氏兄妹与玄宗夜以继日地玩樗蒲游戏的情景。

朝野文臣武将、名门望族爱好樗蒲的人也极多。据《世说新语·任诞》记载,东晋名将温峤官职还不高的时候屡次与扬州、淮中的客商在船上樗蒲,每次都玩不过别人,有时玩得钱都输光了,没法回去,就在船上大声对他的好友庾亮说:"你该来赎我了!"庾亮立刻送钱过去,他才能够回家。

权臣桓温年轻时是位樗蒲迷,家财输尽以后还有欠债。万般无奈之下,就去找樗蒲高手袁耽帮忙。袁耽当时正在守孝,丝毫没有顾忌,脱去丧衣,换上便服,怀揣着孝帽就跟桓温一起去和债主对决。袁耽的樗蒲绝技一向名声在外,债主听说过他却不认识他,临开局时还说:"你总比不上袁彦道(袁耽)吧?"随后二人一起游戏。袁耽十万一掷,直上百万,每掷都大声呼叫,旁若无人,债主自然不是他的对手。把桓温的欠债赢回以后,袁耽才伸手从怀里摸出孝帽掷向债主说:你到底认识不认识袁彦道啊?(《晋书·袁耽传》)桓温的儿子桓玄受父亲影响,也好樗蒲,史书描述他:"人士有法书好画及佳园宅者,悉欲归己,犹难逼夺之,皆蒱博而取。"(《晋书·桓玄传》)桓玄极爱奇珍异宝,看见别人的好书画或园宅,强夺不到,就用樗蒲的方式赢取,这实在有点不光彩。

东晋末年,大将刘毅更是癖爱樗蒲,他小字盘龙,人们就把樗蒲成癖者称为"盘龙癖"。一次宰相府里众人樗蒲,每局输赢可达数百万钱,其他人都是只掷出黑犊就退下阵去,唯有刘毅和刘裕二人仍在场上较量。刘裕就是后来的南朝宋武帝,当时他的声望和地位都在刘毅之上,但刘毅傲慢不逊,根本不把刘裕放在眼里。刘毅掷出"雉"采,大喜,提起衣服绕床而走,叫着对同座说:"不是不能掷得'卢',只是不想如此罢了。"刘裕对刘毅的轻薄话语十分讨厌,两手抓起五枚骰子(五木)揉搓了好久,说:"那老兄就替你掷试试!"一会儿四枚骰子都以黑面呈现,另一枚骰子跳转不定,刘裕厉声吆喝,骰子俱黑成"卢",赢了刘毅。刘毅心中不快,但是又不好表现出来,只能对刘裕道:"我知道明公是不会就此相让的!"从此,刘毅和刘裕的关系愈加恶化。(《晋书·刘毅传》)

南朝刘宋大臣王弘少年时候曾在公城子野家里玩樗蒲,等后来当了权,有人到王弘那里要求做县官,言辞恳切。这个人曾经因为樗蒲获过罪,于是王弘诘责他说:"您可以通过游戏得到钱财,何必还要俸禄呢!"此人回答说:"只是不知道公城子野现在在哪里?"一句话说得王弘无言以对。(《宋书·王弘传》)史书中类似的记载还有不少。如宋明帝时,武卫将军李安人领军征讨晋安王刘子勋凯旋,宋明帝在新亭楼举行盛会,

慰问众军将士。期间设樗蒲官赌,李安人连续五次掷投,每次都是"卢"采,极其罕见,连宋明帝都大为吃惊。(《南史·李安人传》)唐代玄宗朝功臣王琚(jū),因贪污受贿被贬做地方官后,仍与"佐官、胥吏、酋豪连榻饮谑,或樗蒲、藏钩以为乐"(《旧唐书·王琚传》)。安史之乱爆发后,派去前线抵抗的部队监军李大宜,不过问军事,经常和将士们一起樗蒲、饮酒、弹箜篌和琵琶取乐,而士兵连碎米饭都吃不饱。(《新唐书·哥舒翰传》)玩樗蒲玩到这份上,真是误国误民了,也难怪后来潼关失守,唐玄宗出逃到了四川。

  下层官吏和普通百姓也是樗蒲的重要参与者。书法家王献之年少的时候曾观看门生樗蒲,见有胜负,情不自禁地说:"南风不竞"(南边的一方要输)。门生十分不屑,说:"你是管中窥豹,时见一斑"。意思是小孩子你懂什么!王献之怒道:"远惭荀奉倩,近愧刘真长。"遂拂衣而去。(《晋书·王献之传》)王献之当时可能是懂樗蒲的,门生对他不敬令他十分不高兴,这里的荀奉倩(荀粲)和刘真长(刘惔)都是知名士人,家风严谨,所以王献之才自叹不如他们。东晋大臣庾翼看到属下日益炽烈的樗蒲热潮,曾忧心忡忡地说:"顷闻诸君有樗蒲过差者。初为是,政事闲暇,以娱意耳,故未有言也。今知大相聚集,渐以成俗。闻之能不忾然?"(《太平御览》引《庾翼集》)可见,樗蒲在中下层吏员中极其盛行,渐成俗好,不但影响政事,还会导致人心涣散,庾翼失望之余,自然对吏员樗蒲严加禁止,"今许其围棋,余悉断"!庾翼同僚陶侃更是把樗蒲叫做"牧猪奴戏",只要看见军中僚佐樗蒲误事,就命人拿了他的酒杯、樗蒲器具,都投到江水里,"吏将则加鞭扑"(《晋书·陶侃传》)。唐人薛恁《戏撝蒲头赋》对唐代民间好闲之徒樗蒲成风的状况作过描述,其赋曰:"在众艺兮所尚,伊樗蒲兮自久",一帮游手少年、膏粱之子、缙绅之客,"终日莫闲,连宵战酣","初一拟而纯卢,忽连呼而成白,相顾则笑,泯然无隙,请倾耳而侧目,看后来之一掷"。他们终日沉溺于樗蒲,通宵达旦地饮酒狂欢,游戏樗蒲。李白《少年行》说:"君不见淮南少年游侠客,白日球猎夜拥掷。呼卢百万终不惜,报仇千里如咫尺",反映淮南之地民间樗蒲之风也是非常兴盛。

如果说樗蒲在汉代还是一项雅戏的话,那么晋唐之际的樗蒲则完全算不上雅戏了。游戏规则改变之后,樗蒲由精于计算的棋戏变成了靠运气取胜的骰戏,器具和玩法都趋于简单,逐渐演变成一种雅俗共赏的娱乐活动。

晋唐之际,樗蒲如此兴盛还与人们把它作为一种赌博的手段有关。前述颜师伯一输百万,袁耽一掷十万,直上百万,桓玄赌人田宅,都可见当时赌资巨大,以樗蒲赌博的风气浓厚。至于温峤输得连家都回不去,桓温家财输尽已是平常之事,更为极端的还有把自己老婆输掉的。据《旧唐书·酷吏传》记载,武则天时,来俊臣的父亲来操是个赌徒,有一次与同乡蔡本樗蒲赌博,赢了蔡本数十万钱,蔡本无力偿还赌债,就将他的妻子抵押给了来操。蔡本妻子已怀有身孕,到来家后生下的孩子就是后来的来俊臣。

樗蒲赌博给当时的社会造成了不良影响,败坏了社会风气,由此也招致了时人的反对和抵制。除上述庾翼、陶侃等官员抵制之外,朝廷也曾明令禁止过这种游戏。早在曹魏时期,政府就禁止樗蒲、弹棋活动,"国有禁,皆不得为也"(王昶《戏论》);东晋安帝时也曾下令禁止樗蒲(《晋书·安帝纪》)。唐代也曾发布过军中禁赌令,"诸军中有樗蒲博戏,赌一钱以上同

坐,所赌之物没官"(李靖《李卫公兵法》)。唐后期,京兆府还对民间"樗蒲赌钱"的人严加治理,如果是普通百姓,"当时处置",如果是官员,则上报朝廷,由朝廷处分(《唐会要》卷六十七)。在朝廷严加管束之下,到了宋代,樗蒲游戏逐渐废弛,并最终失传。

围棋:忘忧清乐在枰棋

　　琴棋书画是古人的四大雅好,这里的棋是指围棋。围棋活动是一种智力游戏,它可以训练人的思维,提高人的智力,自古以来就深受人们喜爱。围棋在我国古代也被称为"弈",相传是由尧舜发明的。晋人张华在《博物志》中说:"尧造围棋以教子丹朱;或曰舜以子商均愚,故作围棋以教之。"丹朱和商均分别是尧和舜的儿子,一个不事学问,一个非常愚钝,他们的父亲为了教育他俩,便发明了以智力见长的围棋游戏,让他们学习。如果这种说法属实的话,那么围棋在原始社会末期即已出现。

　　春秋战国时期,围棋活动已经相当普遍了。《左传》记载了这样一件事:公元前559年,卫国的国君献公被卫国大夫宁殖等人驱逐出国。后来,宁殖的儿子宁喜又答应把卫献公迎回来。太叔文子批评宁喜说:现在宁子(指宁喜)看待国君还不如下棋,下棋的人举棋不定,就不能击败他的对手,何况安置国君而不能决定呢?他必定不能免于祸难。文子用下围棋时不能"举棋不定"的道理来比喻宁喜在政治上的优柔寡断,并推断他将会遭殃。事实证明文子的判断是对的,卫献公回国以后,恩将仇报,果然杀死了宁喜。

教育家孔子十分重视围棋的启迪心智作用,他曾对弟子说:"饱食终日,无所用心,难矣哉!不有博弈者乎,为之,犹贤乎已。"(《论语·阳货》)大意是说,一个人整天吃饱了饭,什么心思都不用,什么事都不干,怎么能行啊!这种人平时玩玩博戏和围棋等智力游戏,活动活动心思,也可以算作贤人了。儒家亚圣孟子对围棋也有很深的体会和认识,他说:"今夫弈之为数,小数也;不专心致志,则不得也。"意即围棋作为一种技艺,虽然只是一种小技艺,但是不专心致志,也是玩不好的。孟子还举例说,如果让全国最知名的围棋高手弈秋同时教两个人下围棋,其中一人专心致志地学习,只听弈秋的教导;另一个人虽然也在听弈秋的教导,却一心二用,老想着有鸿鹄(天鹅)飞来,想要用弓箭把它射下来。结果,后一个人的棋艺不如前一个人好,这并不是因为他的智力不如前者,而是他在学棋的时候不专心致志。(《孟子·告子上》)战国时期成书的《尹文子》还说:"以智力求者,喻如弈棋:进退取与、攻劫放舍,在我者也。"(《艺文类聚》卷七十四引)与孟子强调对弈者的态度不同,尹文更强调对弈者的智力因素。

从上述内容可以看出,在春秋战国时期,人们对围棋已经非常熟悉,总结出了一些基本理论,并把它作为一项智力游戏加以推广。

汉魏两晋南北朝时期,围棋活动更加普及,无论是宫廷贵族、文武官吏,还是乡野名士、道人僧侣,都非常喜爱围棋,其中涌现出来的围棋高手也很多。

关中杜陵人杜夫子就是西汉初年的著名棋手,《西京杂记》说他"善弈棋,为天下第一人",有人嘲笑他下棋浪费时日,他却以"精其理者,足以大裨(bì)圣教"回应。杜夫子把棋理和治道相联系,难怪他能成为天下第一的高手。

三国时,曹操是位围棋高手,他的棋艺可以和当时的围棋名家冯翊人山子道、王九真、郭凯等相提并论(张华《博物志》)。侍臣孔桂因为擅长围棋、蹴鞠,深得曹操喜爱,"每在左右,出入随从"(《三国志·魏书·明帝纪》)。"建安七子"之一的王粲记忆力超强,有次他看人下围棋,棋局被弄乱了,王粲说他能够把棋局复原,下棋的人都不相信,拿来一块帕巾把棋局盖上,让他用别的棋盘复局。王粲复局结束后,与原来的棋局比较,竟然一子不差。(《三国志·魏书·王粲传》)作为旁观者,能将别人弄乱的棋局恢复原状,王粲的强记默识能力确实惊人,他的棋艺水平自然也不低。

蜀汉名臣费祎(yī)虽然算不上围棋名手,但是也非常喜欢下围棋,经常在与朋友宴饮期间,以围棋取乐,并且从不影响政事。有次魏军进攻蜀国,刘禅命费祎率众御敌。出发前,光禄大夫来敏前来送行。他要求与费祎弈棋,费祎欣然同意,稳坐军帐之中,与来敏专心致志地下起围棋来。当时军中"羽檄交驰,人马擐(huàn)甲,严驾已讫",部队即将出征,而费祎沉着对弈,"色无厌倦",很有大将风度。来敏对费祎的沉着冷静非常佩服,说:我刚才和你下棋只是想试探你罢了。我看你沉着自信,此行必能克敌制胜! 果然,费祎大败魏军,取得了战事胜利。(《三国志·蜀书·费祎传》)

孙吴政权的创建者孙策亦是一位围棋爱好者,经常与吕范对弈,并一边下棋一边商讨军中要事(《江表传》),二人的对局谱还曾存世一段时间。严武和马绥明是孙吴最有名的棋手,二人有"棋圣"之称,"善围棋之无比者,谓之棋圣",可见二人棋艺之高超。

两晋时期亦然。西晋开国之君司马炎特别喜欢围棋,常在宫内与大臣下棋取乐。有一次,司马炎与中书令张华正在下围棋,恰巧杜预请求伐吴的表章送到,张华立刻手推棋枰,进谏说:"吴主荒淫骄虐,诛杀贤能,当今讨之,可不劳而定。"于是晋武帝当机立断,命杜预领兵伐吴,一件关系到全国统一的大事,就这样在棋枰前决定了。(《晋书·杜预传》)

魏晋名士饮酒弈棋更是近乎痴迷。竹林七贤之一的阮籍,史书说他"性至孝",母亲去世时,正在与人对弈,对方要求停止,阮籍不答应,仍然坚持"留与决赌"。对弈结束之后,阮籍放声嚎哭,丧母之痛的情感始才流露出来。名士裴遐非常谦和,曾在平东将军周馥家里与人弈棋,周馥敬酒时,裴遐只顾着下棋,未及时饮酒,周馥一怒之下,把裴遐拽倒堕地,而裴遐居然面不改色,爬起身来,回到座位上,下棋如故。东晋谢安也是围棋的忠实爱好者。时值前秦苻坚率大军百万南下伐晋,京师震恐,朝廷委派谢安主持御敌大事。军机紧急之时,谢安却会集亲朋,与即将开赴前线的侄子谢玄弈棋,并以别墅为赌注。谢玄棋艺高于谢安,但是当天谢玄总是担心前方战事,无心下棋,遂败给了叔叔。不久,谢玄打败了前秦,捷报传来,谢安又在与客人弈棋,看过前方胜利的信息以后,了无喜色,若无其事地继续下棋。客人问前方情况,谢安才慢慢地回答:"小儿辈已破贼"。(《晋书·谢安传》)谢玄与苻坚之间的这次战役正是著名的淝水之战,是一场以少胜多的经典战例,谢玄能够取胜,实属不易,而谢安听到获胜消息竟然不动声色,

更是少见。名士王坦之喜爱围棋,他称围棋为"坐隐",即把弈者正襟危坐、运神凝思时喜怒不行于色的那副神态,比作是僧人参禅入定。僧人支遁既通佛老之学,又好围棋,他则将围棋形象地称作"手谈",寓意围棋是在对弈中展现出无声的交流。今天,我们仍然沿用"坐隐""手谈"这些别称来称呼围棋。

南朝宋文帝、宋明帝、齐高帝、梁武帝等帝王都很喜欢围棋,在他们的大力提倡推动之下,朝廷上下掀起了一股名副其实的围棋热。

黄门侍郎羊玄保,善弈棋,宋文帝曾与他围棋,以郡为赌注,羊玄保获胜,竟当了宣城太守。宋文帝还自称:"只要有好的官缺,我未尝不先想到羊玄保。"在宋文帝的关照之下,羊玄保官位不断升迁,很快就担任了给事中、会稽太守等职。在羊玄保担任会稽太守期间,宋文帝刘义隆还派著名棋手褚思庄到羊玄保处与羊对局,制成棋谱带回来复局给他看。宋文帝对围棋的热爱程度可见一斑。

宋明帝刘彧也好围棋,但是他的棋艺十分拙劣,下棋时要在棋盘上"去格七八道",使用小棋盘。臣僚为了讨他高兴,把他定为三品。棋手的品级评定制度开始于东晋,当时借鉴选官制度中的"九品中正制"做法,按照棋手的水平高低,分别定以九品。东晋时江彪(bīn)与王恬等人是第一品,王导第五品。(范汪《棋品》)刘宋朝,前述的褚思庄为第二品,羊玄保是第三品,琅琊人王抗棋艺更精湛,为第一品。勉强列为第三品的宋明帝喜欢与一品棋手王抗下棋,按当时的对棋规则,三品与一品的差距要饶先。王抗对局时诚惶诚恐,除了让子之外,还不时地吹捧皇上:"皇帝飞棋,臣抗不能断。"宋明帝居然信以为真,自以为天下第一,愈发喜爱围棋了。(《南齐书·虞愿传》)当时还有一个棋手叫王彧,字景文,权倾天下,名重一时,常有流言蜚语影射他谋反,宋明帝病重濒死之际,担心王彧门族强盛,有碍社稷,派使者送诏书和毒酒去王彧府上,"赐"他自尽。诏书上称:"朕不谓卿有罪,然吾不能独死,请子先之。与卿周旋,欲全卿门户,故有此处分。"诏书送到的时候,王彧正在和客人弈棋,王彧看了一遍诏书,把书函封起来,放在棋桌下面,面不改色,如没事一般继续与客人下棋。直到一局棋罢,黑白两瓯棋子收拾完毕,这才把诏书给客人看,缓缓地说:"皇上赐我一死。"随后举起毒酒,边斟还边对客人调侃地说"可惜此酒不可相劝了"。说罢一仰脖子,喝光了杯中毒酒。(《南史·王彧传》)王彧下棋,连自己的生死都能置之度外,收到赐死的诏书,仍然能够优雅从容地下完一盘未了之局,这样高贵的精神让后人敬佩不已,感怀无限。

　　南齐高帝萧道成书法和棋艺水平都很高,棋艺品评为二品,他经常与将军周覆、大臣褚思庄等人下棋,累局不倦。将军周覆甚至能在对弈时抓住皇帝的手,不许他悔棋,高帝也能从容默许。(《南齐书·高帝纪》)另有一回,齐高帝命褚思庄与王抗对局,两人早上开始下,到了晚上才下完一盘,观棋的高帝已经疲惫不堪了,便命王褚二人先休息,待五更时再来决战。王抗直接倒在棋盘边呼呼大睡,褚思庄却达晓不寐,始终在思考棋局。(《南齐书·萧惠基传》)王褚二人都是围棋高手,棋风和性格却截然不同。

　　梁武帝萧衍棋艺也很高,史书上说他"好弈","棋登逸品",撰有《围棋品》《棋法》两本围棋作品。梁武帝下起棋来非常入迷,往往通宵达旦,弄得手下人都困倦欲睡。(《梁书·武帝纪》)散骑常侍到溉,棋艺不佳,为第六品,但喜欢围棋,每次与

梁武帝对棋,从夕达旦。有次耐不住睡意,竟然下着下着就低头睡着了,梁武帝写诗嘲笑他"状若丧家狗,又似悬风槌",一时成为笑谈。到溉家里有一块奇礓石,长一丈六尺,非常珍贵,后来也在下围棋时连同家中的一部《礼记》一起输给了梁武帝。结果,武帝十分高兴地把这块奇石放置在华林园的宴殿前,命名"到公石",移石之日,京城老百姓都跑来观看。(《南史·到溉传》)梁武帝时,曾让柳恽品定棋手,"登格者二百七十八人,弟其优劣",而品评者柳恽仅为第二品(《南史·柳恽传》),可见当时棋风之盛,高手之众。

北朝围棋之风并不弱于南朝,最有名的围棋高手当数范宁儿。据《北史·蒋少游传》载:北魏孝文帝时,范宁儿跟随李彪出使南齐,齐武帝萧赜令一品棋手王抗与范宁儿对弈,结果王抗却在这场两国间的比赛中败给了范宁儿。名不见经传的范宁儿以不凡的棋艺战胜声名卓著的王抗,在当时引起的轰动是可想而知的。

围棋器具简单,棋盘一般是石质,棋子分成黑、白两色。魏晋及其以前,"棋局纵横十七道,合二百八十九道,白、黑棋子各百五十枚"(魏邯郸淳《艺经》)。

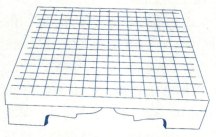

东汉石质十七道围棋盘

(据河北望都东汉墓出土实物绘制)

这种十七道形制的棋盘在河北望都东汉墓和山东邹县西晋刘宝墓中都有发现。安徽亳州东汉墓曾出土有围棋棋子，形制为石质方形。南北朝时，围棋盘的棋道增加到十九道，棋子数量也增加为三百六十一枚，"仿周天之度数"。这一时期成书的《孙子算经》中就有一道以围棋道数为内容的算术题"今有棋局方一十九道，问用棋几何？答曰：三百六十一"，反映出当时的围棋已初步具备现行的围棋定制。对弈开局前，黑白双方在棋局四角的对角上各摆两枚棋子，行棋次序是白先黑后，这与现代围棋没有座子和黑先白后的行棋规则明显不同。

围棋棋具虽然简单，却是方寸之间，变幻多测，魅力无穷。东汉桓谭在《新论》中说："世有围棋之戏，或言是兵法之类也。"马融《围棋赋》也说："略观围棋，法于用兵。三尺之局，为战斗场。陈聚士卒，两敌相当。"围棋可以说是一个小小的战场，棋手需要精深周密的逻辑思维和算度，胸怀全局，审时度势，同时又刚柔并济，攻防兼顾。

隋代白瓷十九道围棋盘
（据河南洛阳张盛墓出土实物绘制）

东晋南朝除了对棋手分级定品之外,宋明帝时设置了管理围棋活动的专业机构——"围棋州邑",任命弟弟刘休仁为围棋州都大中正,王谌、沈勃、庾珪之、王抗四人为小中正,褚思庄、傅楚之为"清定访问",负责围棋人才的举荐和考核,以及组织比赛、品棋、收集整理棋谱等工作。(《南史·王谌传》)"围棋州邑"是我国历史上第一次为围棋手们设立的官署,从此以后,更多的人把围棋当作一种学问和技艺加以研究,进一步推动了围棋的发展。

唐宋时期,围棋趋于科学、合理、定型,进入了成熟阶段。棋盘有石质、木质、瓷质多种规格,棋局统一为十九道,棋子由过去的方形转变为圆形,材质有玉质、石质,有时也用贝壳、琉璃、陶瓷等制作棋子。

这一时期,对弈之风遍及全国,下围棋的人涉及社会各个阶层。唐高祖、唐太宗、唐玄宗、宋太祖、宋高宗、宋孝宗这些帝王自不必说,大家熟悉的唐代诗人王勃、杜甫、温庭筠,宋代文人欧阳修、陆游,政治家王安石,民族英雄文天祥等都能下得一手好棋。其中,王勃经常一边下棋,一边作诗,每下四个子就能写一首诗,诗情棋趣兼得。陆游诗句——"悠然笑向山僧说,又得浮生一局棋"(《夏日北榭赋诗弈棋欣然有作》),"消日剧棋疏竹下,送春烂醉乱花中"(《书怀》),"此身犹著几两屐,长日唯消一局棋"(《晨起》)等,都描写了他壮志未酬,寄兴围棋寻求抚慰与解脱的复杂心境。王安石一日在金陵钟山与道士下棋,角上杀得难分难解,死活不时,自语道:"彼亦不敢先,此亦不敢先。唯其不敢先,是以无所争。唯其无所争,故能入于不死不生"(宋释惠洪《冷斋夜话》卷三)。原来棋盘上已成双活之势,黑白双方自然不敢争先了。下棋还不忘制谜猜谜,可见他的意趣所在。文天祥曾写道:"我爱商山茹紫芝,逍遥胜似橘中时。纷纷玄白方龙战,世事从他一局棋"(《又送前人书画四首》其三),表达诗人对天下纷乱、政局堪忧的感慨。抗元失败被抓入狱期间,文天祥读书写作之余,仍然下棋不辍,给棋坛增添了壮人行色、令人自豪的光彩。

唐、宋两朝,翰林院设置"棋待诏"一职,专门陪同皇帝、大臣及外宾下棋。棋待诏都是从众多的棋手中经严格考核后入选的,属于专业棋手,具有一流的棋艺,有"国手"之称。唐宋著名的棋待诏有唐玄宗时的王积薪、唐德宗时的王叔文、唐宣宗时的顾师言、唐僖宗时的滑能及宋太宗时的贾玄、宋哲宗时的刘仲甫、宋徽宗时的李逸民、宋高宗时的沈之才、宋孝宗时的赵鄂、郑日新等。

唐冯贽《云仙杂记》卷六记载:王积薪"每出游,必携围棋短具,画纸为局,与棋子并盛竹筒中,系于车辕马鬣(liè)间,道上虽遇匹夫,亦与对手。胜则徵饼饵牛酒,取饱而去。"安史之乱爆发之后,玄宗仓皇出逃,连许多王公大臣、后宫妃嫔都来不及通知,却不忘带上王积薪随行。王叔文不仅以棋鸣世,而且胸怀大志,满腹经纶。他在宫中长期侍奉太子李涌下棋,有时在李涌面前指摘朝政,头头是道,无不切中要害。李涌当上皇帝之后,见他有经世之才,遂任命王叔文为翰林学士,时称国手宰相。顾师言最脍炙人口的事迹是与日本王子的对弈。唐苏鹗《杜阳杂编》记载:大中二年(848年)三月,日本国王子来朝,顾师言奉唐宣宗之命,同他对局,双方各下了三十三着还未决胜负;顾"惧辱君命,而汗手凝思,方敢落指,则谓之镇神头,乃是解两征势也",使对方瞠目缩臂,中盘服输。顾师言以"三十三着镇神头"战胜日本国王子,为中日围棋交流史书

写了浓墨重彩的一笔。此外,顾师言与阎景实对决时留下一局"盖金花碗图"棋谱,至今还能看到。

棋待诏之中,最会秉承皇帝颜色的要数贾玄。李壁《王荆公诗注》记载:贾玄陪宋太宗下棋,太宗让他三子,贾玄却每局必输一子。宋太宗知道贾玄并非真输,就对贾玄说:"这盘棋如果你再输,就把你扔到泥水里去。"一局终了,"满局不生不死",成了和局,太宗说:"我是让了子的,下成平局,应该算你输。"说完,命左右把贾玄架出去扔到泥水里。不料贾玄立刻大喊大叫起来:"我手里还有一子呢!"太宗大笑,不再怪罪他,反而赏赐了一件红色锦衣给他。宋太宗棋艺水平并不低,可贾玄与他下棋,或输一子,或令局平,简直是随心所欲,其棋艺之高,算度之精,可以想见。

宋刘仲甫棋风稳健,独霸棋坛二十余年。在入选棋待诏之前,有一次他旅居钱塘,观看当地高手对局之后,出银三百两,与本城棋品最高者对弈。弈至中途,刘仲甫突然把棋局搅乱,将盘上棋子尽行捡入棋盒内,观者哗然,纷纷指责他耍赖。刘仲甫却侃侃而言:"这几天我一直在钱塘观棋,你们棋手的对局我已经了然于胸了。"说着,他便在棋盘上摆开几天来这里有过的对局,边摆边讲,如某日某人某局,白本大胜,失着在何处;某日某局,黑已有胜势,何着不慎。一连摆下十余局,无一路差错,而且讲得头头是道,无懈可击,众人这才心悦诚服。他又摆出刚刚被搅乱的一局,详细拆解,边讲边下,至终局胜了十余子。刘仲甫于是棋名大振,成为一代高手。(北宋何薳《春诸记闻》)

南宋沈之才则是位倒霉的棋待诏。一日,他在宫中与另一位棋待诏御前对弈,供皇帝取乐。宋高宗提醒他说:"你下棋时切须仔细!"不料沈之才回了一句:"念兹在兹"。"念兹在兹"是《尚书》中的一句话,意思是:圣上怎么念念不忘这件事呢。高宗大怒,"你一个技艺之徒,乃敢对朕引经据典!"于是命内侍省打他二十竹篦,并逐出宫去。(王明清《挥麈余话》)沈之才因为一句话拂逆圣上而丢了饭碗。

整体来说,唐宋时期棋待诏制度的实行扩大了围棋的影响,提高了棋手的社会地位。

唐代,宫廷内还设有宫教棋博士,专门负责教习宫人围棋,贵族女性和宫女也经常下围棋取乐。诗人张籍《美人宫棋》诗:"红烛台前出翠娥,海沙铺局巧相和。趁行移手巡收尽,数数看谁得最多?"描绘的就是唐代宫女下围棋的情景。五代时期后蜀花蕊夫人还在宫词中写道:"日高房里学围棋,等候官家未出时。为赌金钱争路数,专忧女伴怪来迟。"描写的也是宫廷女性学围棋的情景。在唐代西州墓中曾出土有围棋仕女绢画,它是唐代女子围棋的真实写照。

唐代仕女围棋图
(据新疆吐鲁番阿斯塔那唐墓出土绢画绘制)

明清两代,围棋活动仍然长盛不衰。明前期,围棋国手有相礼、楼得达、赵九成、范洪等。范洪之后,全国名手辈出,形成了三个著名的围棋流派:以鲍一中、李冲、周源、徐希圣为代表的永嘉派,以汪曙、程汝亮、方子谦为代表的新安派,以颜伦、李釜为代表的京师派。这三派主要是以地域划分的,上述诸人皆为当时名手。这些名手之间的竞争相当激烈,不但一派内部的棋手相互切磋,派与派之间的棋手也常相互争逐。如京师派的李釜与同派的颜伦切磋,颜伦恐损威名,遂游吴中。李釜还曾向永嘉派的李冲、新安派的程汝亮挑战,李冲大败,数避匿。(王世贞《宛委余编·弈旨》)三派鼎足而立,互有胜负,还没有一个人能够稳执棋坛牛耳,领袖群伦。

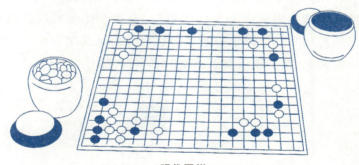

明代围棋
(据山东省博物馆馆藏实物绘制)

明末清初的围棋国手,有过百龄、汪幼波、盛大有、吴瑞徵、周懒予等人。尤其是过百龄,以一代宗师的身份稳执棋坛牛耳,直到辞世。清朝康熙、乾隆年间,涌现了一批新的围棋名家,其中以黄龙士、梁魏今、程兰如、范西屏、施襄夏等人最为知名。黄龙士与思想家黄宗羲、顾炎武等人被时人并称为

"十四圣人",黄龙士被尊为"棋圣",他曾让三子与徐星友对局,留下了十局名局"血泪篇"。今人吴清源评价黄龙士棋力有十三段,足见其影响之大。范西屏和施襄夏都是少年成名,据说在施襄夏三十岁、范西屏三十一岁时,二人对弈于当湖,经过十局交战,胜负相当。"当湖十局"下得惊心动魄,成为流传千古的精妙之作。自施襄夏、范西屏为代表的盛清国手先后离世,中国棋界后继乏人,晚清虽也曾出现过以僧秋航、李湛源、周星垣、陈子仙等人为代表的"十八国手",但是从棋力来说,已大不如前人。直到新中国成立以后,流行了四千多年的中国围棋才又重新兴盛起来。

象棋:车马纵横杀气浮

中国象棋历史久远,趣味浓厚。相比较围棋而言,它是当前我国普及性更高的一种棋类游戏。闲暇时分,三三两两,聚于一处,飞马跃炮,进车走卒,一场大战在方寸之地悄无声息地进行着。象棋对局讲究排兵布阵,以对方的将(帅)为目标,全力运子做杀,谋求运筹帷幄之中,决胜千里之外,在智力和智慧的比拼、信心和耐心的考验中,享受游戏带来的无限乐趣。

关于中国象棋的起源,历来众说纷纭。有人说象棋是虞舜为了教育他不听话的弟弟而发明的,因他的弟弟名字叫象,所以称之为象棋。也有人根据屈原《楚辞·招魂》里的"菎蔽象棋,有六簙些"词句和汉代刘向《说苑》中所载的孟尝君"燕则

斗象棋"之说,推测象棋是战国时期出现的。还有一些人认为象棋起源于印度或者是埃及人发明的。这些说法的真实性都受到人们的怀疑。舜作象棋只是传说,不足为据。《楚辞》《说苑》里提到的"象棋",可能是指象牙制作的棋子,并不是我们今天所说的象棋棋戏。象棋起源于印度或埃及也多不被国人所接受。

一般认为,现在的象棋与北周隋唐时期出现的"象戏"有关。《周书·武帝纪上》载:"帝制《象经》成,集百僚讲说。"《象经》是北周武帝宇文邕写的一本象戏著作,"象戏"之中的"象"是模仿、象征的意思。另据时人庾信的《象戏赋》,象戏是一种模仿战争的棋戏,棋局含有天地阴阳、五行八卦之义。棋盘呈正方形,纵横各八道棋路,使用青白两色棋子,双方各十二个,棋子种类似乎只有"马"和"符"(即兵卒)两种,每方各六个。对局时,"乃有龙烛衔花,金炉浮气,月落桂垂,星斜柳坠。犹豫枢机,嫌疑泾渭,顾望回惑,心情怖畏"。双方随着棋局变化,或犹豫、或嫌疑、或顾望、或困惑、或怖畏,神情复杂,趣味盎然。北周象戏与现代象棋明显不同,但是它却具备了现代象棋的雏形。

唐代,象戏进一步发展,形制上更接近于现代象棋。诗人白居易在《和春深》诗篇中写道:"何处春深好,春深博弈家。一先争破眼,六聚斗成花。鼓应投壶马,兵冲象戏车。弹棋局上事,最妙是长斜。"诗人提到的博弈游戏除了围棋、投壶、弹棋之外,"兵冲象戏车"指的就是象戏。对于唐代象戏的形制,今人提及最多的是"宝应象戏"。唐丞相牛僧孺在《玄怪录》中记述了这样一个故事:汝南人岑顺家贫,好学有才,颇懂战略。他旅居亲戚吕氏山宅中,一日夜间恍恍惚惚在梦中看见金象军和天那军交战,有军师进诗说:"天马斜飞度三止,上将横行系四方。辎车直入无回翔,六甲次第不乖行。"国王说:"好!"于是就击鼓。两军都有一匹战马,斜行三尺停止。又击鼓进军,各方都有一个徒步的小卒,横行一尺。又击鼓进军,战车前进。像这样战鼓渐渐急促,各队纷纷加入战斗,物件包裹着矢石混杂交锋。不一会儿,天那军大败,逃奔溃散。后来,家人从古宅中挖出一座古墓,内有"甲胄数百,前有金床戏局,列马满枰,皆金铜成形,其干戈之事备矣"。岑顺这才理解军师的诗,就是讲的象戏对局规则。由于这件事发生在宝应元年(762年),所以称之为"宝应象戏"。从这个带有神话色彩的故事中,可以看到唐代象戏已有"王""军师""天马""上将""辎车""六甲""矢石"七个兵种的棋子,分别对应现代象棋中的帅、

唐代宝应象戏棋子

士、马、象、车、卒和炮。着法上说,天马斜行三度就是现在的"马走日"规则,上将横行四方即是"走田字",辎车直行、步卒(六甲)一次走一格也与现代象棋中车、卒的走法相同。不过,由于该条资料过于简短,"宝应象戏"的棋盘形制、棋子数量和"王""军师""矢石"(砲)的着法目前还不清楚。

唐末到北宋是我国古代象戏大发展、大革新的时代,曾出现了几种不同形制的象戏。

一种是"大象戏",是在"宝应象戏"的基础上发展而来。大象戏棋盘纵横十一路,棋子三十四枚,共有八个兵种,分别为将、偏、裨各一枚,象、车、马、炮各二枚,卒六枚,每方十七枚子。北宋理学家程颢《象戏》诗:"大都博奕皆戏剧,象戏翻能学用兵。车马尚存周战法,偏裨兼备汉官名。中权八面将军重,河外尖斜步卒轻,却凭纹楸聊自笑,雄如刘项亦闲争。"歌咏的就是这种规制的象戏。

另一种是"广象戏",由北宋文学家晁补之发明。晁补之青年时代常玩大象戏,成年后感到大象戏棋盘不够广阔,棋子太少,"意苦而狭",因此把纵横十一路的棋盘扩大为纵横十九路(与围棋盘相同),棋子三十四枚增至九十八枚。(《济北晁先生鸡肋集·广象戏图序》)拥有多达九十八枚棋子的广象戏是怎么玩的呢?限于资料,我们今天仍然不得而知。

还有一种是"七国象戏",由北宋政治家司马光发明。七国象戏有"将"各一枚,分署战国时七国名秦、楚、齐、燕、韩、赵、魏,只是在中央多了"周"天子。也是使用纵横十九路棋盘,棋子共一百二十枚,一枚棋子代表周,摆放在棋盘中心,其余棋子七国均分,每方十七枚,摆放在棋盘四周。

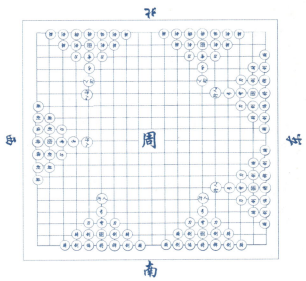

"七国象戏"布局图

(据元人陶宗仪《说郛》刊载图绘制)

每国棋子类型、数量和行棋规则如下:"将"一枚,直行斜行都不受任何限制;"偏"一枚,直行不受限;"裨"一枚,斜行不受限。上述三子着法和国际象棋中的后、车、象的着法相似。另有"行人"一枚,直行斜行都不受限,但不能吃子也不能被吃;"骑"(马)四枚,曲行四路,即直一斜三"走日",没有别马脚限制;"砲"一枚,直行不受限,只有前隔一子时才能吃掉对方子,与现代"炮"的着法完全相同;"弓"一枚,"弩"一枚,分别直行斜行四路和五路;"刀"二枚,"剑"四枚,分别斜行一路、直行一路。七国象戏没有车和象,多了偏、裨、行人,卒分成了弓、弩、刀、剑四种,马、炮的数量也与现代象棋不同。(明沈津《欣赏编》辛集《古局象棋图》)七国象戏最多可供七个人同时玩,

一人操纵一方（国），逐鹿中原，相互厮杀。人数少于七人时，可以一人操纵两方，体现合纵连横的策略，或者其余的"国"空着。一国"将"被擒或失子超过十个即告负，终局获子最多者获胜。

宋代，与"大象戏"相对的还有一种"小象戏"。据宋人曹勋《北狩见闻录》记述，北宋徽、钦二帝被金朝掳去之时，康王（即后来的南宋建国者宋高宗赵构）的母亲韦妃用象棋子，外

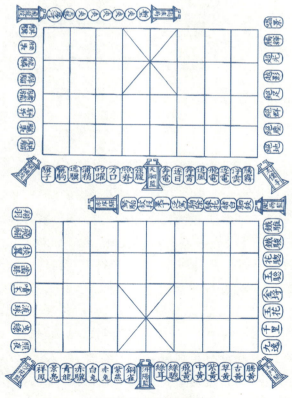

打马、象戏两用棋盘
（据李清照《打马图经》绘制）

面包裹黄罗锦缎，书"康王"两个字贴在"将"子上，焚香祈求，"今三十二子俱掷于局，若康王字入九宫者，主上必得天位"。一掷，"将"果然进入九宫之中，其他子则散落别处。这种三十二枚棋子，棋盘带有"九宫"的象戏就是"小象戏"。小象戏的棋盘在宋代词人李清照的《打马图经》中有刊载，纵九路、横十路，有九宫格。

北宋铜质象棋子
（据河南开封出土实物绘制）

棋子在出土文物中能够看到。1997年考古工作者在河南洛阳市北宋墓葬中，发现了当时一副完整的圆形瓷质象戏棋子，共三十二枚，黑白棋子各十六枚，其中将二枚、卒十枚、车、砲、马、士、象各四枚。河南开封和江西安义也曾出土过北宋末年的铜质象戏棋子。这些棋子正面铸有阴文汉字，反面刻画各种象形图画。从小象戏的棋盘形制和棋子种类、数量来看，它完全具备了现代中国象棋的制式。

历经北宋一百多年的发展,大象戏、广象戏和七国象戏全部淹没在历史长河之中了,唯有小象戏一枝独秀,深得青睐,继续传承。南宋时期,"象棋"之名正式出现,并在棋盘上增加了楚河汉界,行棋规则也更为明确。宋末元初人陈元靓的《事林广记》记载了当时的象棋着法,朗朗上口,现摘录如下:"将行一步九宫内,士止一尖不离宫;象虽二尖有四路,马行一直一尖冲;炮须隔子打一子,车横直撞任西东;卒子若行唯一步,过河有进退无踪。"《事林广记》中还收录了两局完整的象棋棋谱和最古老的排局"二龙出海势"。与现代象棋相对照,显然在这一时期,古代象棋已经发展成熟并基本定型了。

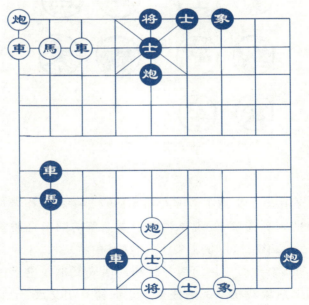

宋代"二龙出海势"象棋局
(据《事林广记》绘制)

定型后的中国象棋,艺术性和娱乐性大大增强,深受宫廷贵族、朝野官宦、文人将士以及广大群众的欢迎和喜爱。朝廷之中,设有"棋待诏",其中就有象棋待诏。南宋周密《武林旧事》中罗列的象棋待诏有杜黄、徐彬、林茂、礼重、尚端、沈姑姑等十人,而提及的围棋待诏仅有五位。同时,沈姑姑还是一位女性象棋国手,可见当时象棋在宫廷贵族中极为流行。文士刘克庄既好围棋也好象棋,他经常与棋艺更高的诗人叶潜仲下象棋,并留下了一首脍炙人口的象棋诗《象弈一首呈叶潜仲》:"小艺无难精,上智有未解。君看橘中戏,妙不出局外。"称赞叶潜仲的棋艺"纵未及国手,其高亦无对",在叶潜仲饶先的情况下,他还连连输棋。丞相洪迈不但喜好象棋,还著有《棋经论》一书,专门对象棋理论进行探究;名不见经传的叶茂

南宋象棋对弈图
(据萧照《中兴瑞应图》绘制)

卿也写有象棋名著《象棋神机集》。专门著作的出现,是象棋兴盛的反映。此时,象棋还具有平民化倾向,成为百姓娱乐活动不可缺少的内容。临安城内有不少称为"棋师"的专业象棋手和专制象棋子、象棋盘的手工业者。难怪洪遵在《谱双》中称,象棋在当时已经家喻户晓了。

元代时,红方棋子中出现了"帅""相""兵"三个棋子,取代原有的"将""象""卒"。明清两代,象棋发展迅速,普及性更广,象棋著作层出不穷,象棋高手林立。

明代心学体系的创始人王守仁,自幼机智灵巧,被人称为"神童"。据说他年少时曾迷恋象棋,常常"寝食皆废",母亲多次劝说无效,一怒之下便将他的象棋倒进了河中。王守仁捶胸顿足地写下了一首诗,抒发他的心情,诗说:"象棋在手乐悠悠,苦被严亲一旦丢。兵卒堕河皆不救,将军溺水一起休。马行千里随波去,士入山川逐波流。炮响一声天地震,象若心头为人揪。"全诗巧妙地把棋子中的兵卒、将、马、士、炮、象嵌入诗中,写得自然贴切,今天读来也很有意思。

戏曲名家、有"嘉靖八子"之称的李开先是明代一位著名的象棋手,他从小就爱下象棋,青年时代更是个棋迷,经常白天看书,晚上编曲、下棋。他的妻子担心他昼夜兼劳,恐伤身体,劝导他不要这样做,但他对象棋的浓厚兴趣并没有降低。入仕为官后,他的朋友御史唐顺之也屡次劝他"不当着棋"。后来,李开先因为抨击朝廷政要,被削职为民,退居乡里,从此他更加热爱下象棋。他曾说:"将棋度日酒为年,局戏何如中圣贤。我喜敲棋君善饮,人称豪客与闲仙。"(《赠谢少溪》)李开先的棋艺甚高,时人称"只此一技,可高古今"。他与久负盛名的国手陈珍下棋,饶一马还是胜多和少,从未输过。与另一

棋客吴橘隐较量,李开先让他三先,也难成敌手。他曾自豪地宣称:"棋客有谁为敌手,园丁与我总闲身。"(《与客游百花园》)

民间象棋迷也有不少。李开先《西皋举人张君行状》一文中记载了一个有趣的故事:明成化年间,山东邱县西皋村有个村民,叫张继美,儿子出生才七个月,他的妻子就去世了。由于缺乏母乳,孩子体质羸弱,看起来像未曾满月的婴儿,张继美经常抱着孩子觅乳喂养。可是他下棋成瘾,有时下棋耽搁久了,孩子饿得哭闹不止,他仍然贪恋棋局不肯离开,说:"只下一局,就抱你去找邻家母亲喂乳。"过了一会,又说:"再下一局。"如此,一而再,再而三,棋兴大发,始终不走。棋友实在看不下去了,把他推出门外,害怕他再回来,赶紧连门也栓上。这真是一位下棋着迷、连儿子死活都不管的奇葩父亲。

当然,更多的象棋爱好者是理智的,他们把象棋当作陶冶性情、娱乐身心的有益活动来对待,有的还把它作为毕生的事业来追求。朱晋桢是明朝末年的象棋名手,他的哥哥朱泰、侄子朱尔邺、朱景萧也都颇善象棋,朱晋桢一家称得上是明末的象棋之家。朱晋桢编著有象棋谱《橘中秘》,这是中国象棋史上具有重要地位的传世之作,至今仍不失为初学者的好棋谱。同时代的象棋著作还有徐芝选的《适情雅趣》、署名棋道人的《自出洞来无敌手》和无名氏的《金鹏十八变》《梦入神机》等。

清康熙朝,程如兰、刘上林是当时的象棋国手,象棋谱学家王再越编著的《梅花谱》也在这一时期问世。及至乾隆朝,象棋达到了全盛时期。乾隆皇帝琴棋书画都较精,对象棋也颇为喜好,他的臣僚也多会下象棋。民间象棋高手辈出,最著名有九派共十一人,如毗陵派的周廷梅、刘王环,吴中派的赵

耕云、宋小屏,武林派的袁彤士等。其中,周廷梅最厉害,能够战胜其他八派高手,有二百多人跟随他学象棋,可谓是盛极一时。清代末期,象棋略有颓势,民间下棋之风也有所收敛。

清代下象棋图
(据《北京民间风俗百图》绘制)

象棋从产生、发展到成熟,经历了一个漫长的历史过程。虽然它只有三十二个棋子和九十路棋道,但却是古代战斗生活的一种形象演绎。其中蕴含的无尽机巧和风云变幻,常使人废寝忘食,痴迷终生。若你在下棋之余,了解象棋背后的故事,不也是一件极好的事吗?

适情雅趣

  适情雅趣是指人们以娱乐为主要目的,在闲暇时从事的较为文雅的消遣活动。比如,古人在节日聚会、酒席宴饮时喜欢玩纸牌、骨牌,喜欢玩藏钩、射覆、猜谜等游戏,并经常以投壶游戏、弹棋游戏、酒令游戏助兴,调节闲暇时的生活,增加聚会宴饮的乐趣。这类消遣活动兼具趣味性和娱乐性,多为文人雅士、才子佳人所喜爱,也是人们娱乐生活中必不可少的内容。

投壶:箭倚腰身约画图

投壶是古人宴饮时为酒宴助兴而玩的一种投掷游戏。基本玩法是:参加游戏的人手拿箭矢轮流向放置在远处的壶中投掷,以投入壶中的箭数多少决定胜负,负者饮酒以示惩罚。投壶游戏高端大气、文雅别致,兼具趣味性和娱乐性,既能登大雅之堂,又能入寻常巷陌,尤其深受古代文人士大夫们的青睐。

投壶游戏产生于春秋时期,有着两千多年的历史。春秋时期的投壶活动主要是作为一种礼仪来推行的。《礼记·投壶》称:"投壶,射之细也。""取半以下为投壶礼,尽用之为射礼。"周代礼制规定,天子诸侯在朝会宴饮的时候需要举行燕射之礼。燕射是一种射箭比赛活动,具有娱乐宾客、增加宴会气氛的作用,更带有炫耀武力、实施教化的政治目的。由于燕射活动对比赛场地、射箭用具、射手的力量以及射箭技术都有较高的要求,后来在部分场合对燕射之礼进行了简化,改行灵活方便、温文尔雅、连文士都能参与的投壶礼。投壶活动遂应运而生,射礼之中的"乐嘉宾""习礼仪"功能依然得以保留。

具有礼仪性质的投壶活动,有严格的用具、礼序、仪节与步骤规定,而且还十分注重礼节。据《礼记》《大戴礼记》等书记载,投壶活动开始前,要准备好矢、壶、筭(suàn)、中、马及鼓、瑟、鼙(pí)等器具，还要安排好司射、司正、酌者、弦者、大师等工作人员。

"矢"是所投的箭，用不去皮的柘木或棘木制成，没有羽也没有镞，一头削尖如刺，前面尖后面粗，大端叫做"本"，小端叫做"末"。所投之壶为宴席上使用的壶形酒器，广口大腹，颈部细长，壶口径二寸半，壶颈高七寸，壶腹五寸，为了不使投的箭反弹出来，壶中还要装上小豆。"筭"是木制的用来计算投中次数的筹码，长一尺二寸；"中"是盛筭的木制器具，形如伏兕，背部开孔；"马"是胜筭，用木刻作马的形状，每胜一轮立一个马来计数；"瑟""鼓""鼙"均是乐器。

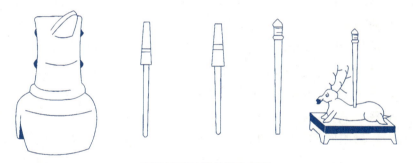

春秋战国时期的投壶用具

工作人员方面，司射是活动的主要负责人，宣布投壶规则及程序，判定比赛胜负；司正主要负责为胜者立马；酌者负责为负方酌酒；弦者、大师是乐工。一切准备妥当后，乐工奏乐，主人邀请宾客参与，双方相互礼让并致礼让辞，然后宾主双方在司射的引导下轮流投壶，不能连投。每人四支箭，箭末入壶算投中，箭本入壶不算，总共三决两胜，负者罚酒。对四周观礼的人也有要求，不得交头接耳，不得喧哗嬉笑，否则也要罚

酒。由此可见，周代投壶之礼规则明确，程式繁琐，用具讲究，整个过程严肃而有礼。

《春秋左氏传》为我们记述了春秋时期一次诸侯王之间的投壶活动。公元前531年，晋昭公即将登位，设宴款待前来祝贺的齐景公。宴饮时，举行投壶助兴。晋昭公先投，晋臣荀吴起身献上祝辞："有酒如淮，有肉如坻，寡君中此，为诸侯师。"言毕，晋昭公一投而中。轮到旁边的齐景公了，他举起箭矢，先祝辞："有酒如渑，有肉如陵，寡人中此，与君代兴。"然后也是一投即中。这次投壶活动基本依照周礼的要求进行，投壶之前，宾主相互致辞。致辞的内容除称赞酒肉丰盛外，更显示了两国称霸天下的雄心。晋国臣僚说，若我们的国君能够投中，必能做诸侯的盟主；齐国国君也不甘示弱地说，我要是投中这一箭，将会代替你们的国君做盟主。当时投壶活动经常在天子诸侯聚会时举行，以至于晋昭公和齐景公两个人都是玩这种游戏的老手，拥有一投即中的本领。

战国时期，民间也自发地进行投壶游戏。在《史记·滑稽列传》中，大夫淳于髡（kūn）曾说：齐国百姓集会时，男女混杂，一边饮酒，一边投壶，场面热闹，礼节全失，男女握手、彼此直视都不受限制。民间投壶游戏已经脱离礼制范畴，纯粹是一种愉悦身心的娱乐活动。

两汉时期，儒学上升为官方显学，源自周礼的投壶活动在士大夫阶层的推动下，更为兴盛，成为了贵族、士大夫每逢宴饮必有的活动。保存于南阳汉画像馆的一幅汉代画像石生动地记录了当时投壶的场景：画面正中放置一个壶，壶内已经投入了两支箭矢，壶左侧有一个三足樽和一个木勺，饮酒时使用。壶侧两个人均是一手抱着三支箭矢,另一手执一支箭矢作投掷状。画面左侧一个人抱胸弯腰,在侍从的搀扶下勉强坐立,似乎是饮酒过量,头晕眼花,刚刚退出比赛。画面右侧还有一个人专心注视比赛,似为裁判。画中头戴进贤冠、身穿宽袍大袖的四个人,从着装看显然都是士大夫。

汉代投壶图
(据河南南阳汉画像石绘制)

与此同时,汉代投壶程式趋于简化,逐步褪去了礼仪的外衣,朝着游戏化方向发展,娱乐性渐强。据《淮南子·兵略训》记载,只要帝王能够在民众中树立威信,即便你整天沉迷于游乐,"射云中之鸟,而钓深渊之鱼,弹琴瑟,声钟竽,敦六博,投高壶",也会兵强马壮、政令通行。这种说法虽是为了强调威信的重要性,但把投壶与钓鱼、弹琴、六博等游乐活动相提并论,说明它和这些活动一样,是一项高雅的娱乐活动,娱乐是其主要的目的。另据《后汉书·祭遵

传》记载，东汉开国将军祭遵出身名门，"少好读书"，其幕僚多是儒生，每逢"对酒设乐，必雅歌投壶"。一位将军不去玩搭弓射箭、纵马驰骋这些展示力量的游戏，而喜好文人雅士的投壶，实有附庸风雅之嫌，却也说明当时投壶活动非常流行。

为了进一步体现游戏的娱乐功能，汉代投壶还出现了一种新的玩法。游戏者手执箭矢向壶中投掷，把箭矢投入壶中不再是取胜条件，而是要让投入的箭矢从壶中反弹出来，然后用手接住再投，如此反复，连续投掷的次数愈多说明投壶者的水平愈高。这种新玩法称为"骁"，使用更有弹性的竹质箭矢，壶中也不再放置小豆。据晋代葛洪的《西京杂记》记载，西汉武帝时的一位宫人郭舍人就擅长骁投法，能够一支竹矢连投百余次，武帝百看不厌，每次都赏赐给他金帛。另外，汉代投壶所用的壶具也不再是简单的酒壶了，而是改用精工制作的专用壶。

魏晋南北朝时，儒学式微，投壶游戏完全没有了礼仪的成分，游戏性与娱乐性进一步增强，更受文人雅士的欢迎。壶的形制方面，两晋时期出现了有耳壶，即在壶口的两旁，各增加一个直径比壶口小的小耳。随着壶耳的出现，投壶的花样增多，游戏者既可以把箭矢投入壶口，也可以投进壶耳中，出现了"带剑""倚竿""狼壶""豹尾""龙首"等新奇投法。（颜之推《颜氏家训》）"带剑"是把箭矢投入壶耳并且使它呈佩剑状；"倚竿"是把箭矢投入壶中，箭竿斜靠在壶口的左右；"狼壶"是箭矢投在壶口上旋转，停作狼尾状；"豹尾"和"龙首"分别是让投入的箭尾和箭首正朝向投壶者。

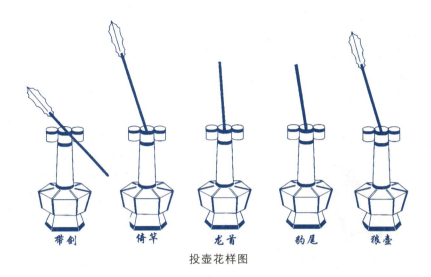

投壶花样图

另外,这一时期,骁投法也特别盛行,更为精妙的骁投法是"莲花骁"。即让投入壶中的箭矢反弹出来,正好挂在壶耳上,形成莲花形。投壶花样迭出,增加了游戏难度,对参赛之人提出了更高的要求,投壶技巧也随之提高。据《颜氏家训》记载:汝南郡的周璝(guī)和会稽郡的贺徽两个人,都能一箭四十余骁。更有甚者,有些人还能够隔障投壶、闭目投壶。刚才提到的贺徽就能隔着障碍投壶,"尝为小障,置壶其外,隔障投之,无所失也"。西晋富豪石崇蓄养的一名家伎,则能够隔着屏风投壶。丹阳郡有一个叫王胡之的人,闭着眼睛投壶,也能百发百中。(《太平御览·工艺部·投壶》)隔着障碍物投掷和闭着眼睛盲投仍然能够投中,可见他们的投壶技术是多么的精湛!

唐宋两代,投壶游戏在文人士大夫的宴集活动中仍然非常盛行。例如,唐代官员郑儋(dān)每次与朋友宴饮,饮酒必大醉,一起玩投壶、博弈等游戏,常常通宵达旦,乐此不疲(韩

愈《韩昌黎文集校注》卷六）。文人薛昚(shèn)惑投壶技艺非常高超，"龙跃隼飞，矫无遗箭，置壶于背后，却反矢以投之，百发百中"（《朝野佥载》卷六），背对着壶用骁投法投壶，矢矢必中，不是一般人能够做到的。

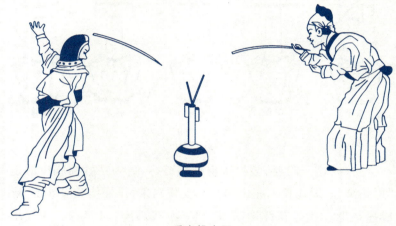

反身投壶图
（据清任熊绘《姚大梅诗意图》绘制）

北宋文学家杨亿也喜爱投壶，每次想写文章的时候，就邀请一帮朋友在家中饮酒、弈棋、投壶。周围一片语笑喧哗之声，也不妨碍他构思，他反而受游戏氛围的激发，文思泉涌，挥笔如飞，顷刻之间，可以写就数千字，连欧阳修都称赞他"真一代之文豪也"（欧阳修《归田录》）。政治家司马光更是十分喜爱投壶，"每对客赋诗谈文或投壶以娱宾"（《渑水燕谈录》）。鉴于当时投壶的玩法远离礼制，多为奇巧侥幸的投法，司马光还对投壶旧规进行了总结和修改，写下了《投壶新格》一书，认为"投壶可以治心，可以修身，可以为国，可以观人"，对投壶活动倍加推崇。南宋抗金名将岳飞,骁勇善战,《宋史》说他"好贤礼士,览经史,雅歌投壶,恂恂如儒生",这样的一代名将,玩起投壶雅戏来,也是恭谨温顺得像个读书人。

古代女子投壶图

除了文人喜爱投壶外,女性也喜爱这项活动。王建《宫词》中提到过唐代宫廷妇女玩投壶游戏的情景:"分朋闲坐赌樱桃,收却投壶玉腕劳。"可能是女性不善饮酒,女子投壶输者不是罚酒,而是以樱桃为赌注。五代后蜀花蕊夫人《宫词》中也提到当时宫女多冷淡抟蒲游戏而改学投壶:"抟蒲冷澹(dàn)学投壶,箭倚腰身约画图。尽对君王称妙手,一人来射一人输。"能被皇帝称赞,看来她们的投壶技术也并不太差。

前文提到的司马光《投壶新格》一书,结合周代投壶礼和魏晋以来的投壶新玩法,创立了宋代投壶新规则。投壶所用

的壶高一尺,壶口直径三寸,两耳直径各为一寸,壶内装入小豆。投壶时,游戏者距离壶六尺远,每人投十二支箭,箭长二尺四寸。十二支箭全部投中称"全壶",自动取胜;全部未投中称"败壶",自然会被判负。对于那些只投中部分箭的情况,则视投中的次序及中的方式按"算"计分,得分高者取胜。第一箭入壶叫"有初",计十算;从第二箭起接连入壶叫"连中",各计五算;最后一箭入壶叫"有终",计二十算。第一箭未投进,第二箭起投进壶口称"散箭",每箭计一算;投入壶耳称"贯耳",计二十算;投入壶中的箭反跃出来,接得后又投入壶中称"骁箭",计十算。魏晋以来的新奇投法如"横耳""倚竿""龙首""龙尾""狼壶""带剑"等都以常算计分,不再额外增筹。经过司马光的改革之后,投壶时的礼仪规范过分凸显,投壶方式趋于简单,投壶的乐趣反而大大减少了。

到了明清,投壶又出现了许多新的变化。壶具方面,出现了四耳壶和双四耳壶。四耳壶是在壶口周围设置四个耳,双四耳壶是在此基础上,壶的颈部再增加四个耳。还有壶耳能够转动的壶具。明代汪禔(tí)《投壶仪节》记载,"近时,好事者又有鞦韆(秋千),壶之制又有丈二。壶之制,或二耳或四耳,俱能转,运矢之八反复不定,令人难中"。

此时投壶玩法上也有所创新。《投壶仪节》提到的投法有二十多种,诸如"及第登科""双龙入海""双凤朝阳""三教同流""戴冠拖入""辕门射戟""背用兵机""蛇入燕巢""双桂联芳""七贤过关"等。谢肇淛(zhè)在《五杂俎》中也记载:"今之投壶名最多,有春睡、听琴、倒插、卷帘、雁衔、芦翻、蝴蝶等项,不下三十余种。"侯晌《投壶奏矢》中记载的投法更多,多达一百四十种。

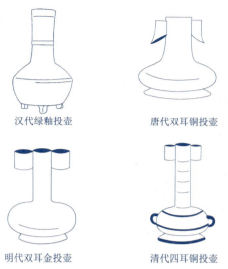

古代投壶用具

（据出土文物绘制）

　　这些新式壶具的出现和玩法上的创新，增加了投壶的难度，娱乐性和观赏性随之增强。一些投壶高手还能自创更高难度的玩法，以显示自己精彩绝伦的投壶技艺。据沈榜的《宛署杂记》记载，明代有个百户叫苏乐壶，本名苏宣，此人自幼擅长投壶，"高下左右，手无所不便"，被人称为"投壶绝"。他能够根据自己的想法创新出数十种新奇的玩法，并给这些玩法起了古怪的名称，玩法和名称都是前所未见，前所未闻。其中最难的是"卷帘""写字""仙人背剑"。"卷帘"是把两支箭反转着同时投入壶口，"写字"是把三支箭同时投中三个耳口，"仙人背剑"是背身投壶且百发百中。如此绝技，看来只有"投壶绝"才能做到，常人是难以做到的。

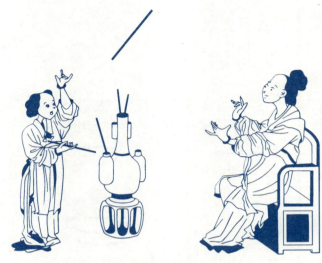

清代投壶图

（据喻兰《仕女清娱图册》绘制）

  清代后期，随着西方列强的入侵，西方新奇刺激的运动项目传入我国，投壶的参与者越来越少，投壶游戏逐渐走向衰败，并最终退出了历史舞台，在当今社会已经很难再觅其踪影。但是，作为一项修身养性、陶冶情操，"悦与坐之耳目，乐众心而不倦"的文雅活动，投壶的诞生与传承，对于丰富中国古人的娱乐生活具有十分重要的意义。

弹棋：背局临虚斗著危

  弹棋兴起于西汉，繁荣于晋唐之际，两宋时期开始走向衰败,并最终失传。弹棋是怎样的一种游戏呢?让我们畅游于历史长河,一窥古代弹棋的究竟吧!

古人对于弹棋是何时出现的存在不同的说法。一说是汉武帝时东方朔发明的。汉武帝在平定西域期间,俘获多位善玩蹴鞠的胡人,此后被蹴鞠游戏的魅力所吸引,经常亲自为之。群臣认为蹴鞠之戏不适合皇帝,但又力谏不止,东方朔为此便进献弹棋雅戏,武帝遂舍弃蹴鞠转而爱好上了弹棋(晋徐广《弹棋经》)。另一说是汉成帝时刘向发明的。汉成帝好蹴鞠,"群臣以蹴鞠为劳体,非至尊所宜。帝曰:'朕好之,可择似而不劳者奏之。'家君(指刘向)作弹棋以献,帝大悦"(晋葛洪《西京杂记》)。刘向发明弹棋的缘由与东方朔如出一辙。还有一种说法认为弹棋是源自曹魏时后宫宫人玩的"妆奁戏"(南朝宋刘义庆《世说新语·巧艺》)。

综合多方面的史料,今人一般认为弹棋在西汉时期就已经出现,它与蹴鞠有一定的关系。不过,西汉时期弹棋游戏主要在宫廷中流行,时人所知者不多。西汉末年,天下大乱,皇宫倾覆,弹棋才随宫人流传到民间。东汉时期,弹棋曾经非常兴盛。到汉献帝时,曹操秉政,严令禁止博弈棋具进入宫中,宫人们就模仿弹棋游戏,以金钗玉梳戏于妆奁之上,于是就有了弹棋源自曹魏宫人"妆奁戏"之说。曹丕立国以后,弹棋重又兴盛起来。

汉魏之际,不乏酷爱弹棋之人。《东观汉记》载,东汉安帝时,乐成王刘苌(cháng)在居丧期间,骄淫不法,身穿丧服仍然沉迷于弹棋游戏,不肯拜谒先王陵墓,为此受到安帝下诏谴责。顺帝时,外戚梁冀酷好弹棋,即使是盛夏时节,酷热难耐,他也时常袒胸露背,以樗蒲、弹棋为要务,游戏起来不知停歇

(《太平御览》引《梁冀别传》)。梁冀不仅擅长弹棋,而且将自己的经验撰写成《弹棋经》一书,不过由于战乱,该书早已失传。东汉弹棋兴盛之时,辞赋家蔡邕也写过一篇《弹棋赋》,专门咏叹"因嬉戏以肄业,托欢娱以讲事"的弹棋游戏。无名氏的一首乐府古辞《古歌》对汉代贵族玩弹棋的场面也有描写:"东厨具肴膳,椎牛烹猪羊。主人前进酒,弹瑟为清商。投壶对弹棋,博弈并复行。"此时,弹棋成为了贵族阶层宴饮助兴的一项重要内容。魏文帝曹丕更是弹棋的忠实爱好者,他自称"余于他戏弄之事少,所喜唯弹棋"(曹丕《典论·自叙》)。曹丕年轻时作有《弹棋赋》,盛赞"唯弹棋之嘉巧,邈超绝其无俦"。曹丕弹棋技艺也十分高超,别人都用手弹,他能用手巾角拂棋,且没有弹不中的(《世说新语·巧艺》)。受到曹丕影响,当时的朝臣名士无不争相较能,弹棋游戏风靡一时,高手辈出。据曹丕所言,东方世安和张公子都是京城中的弹棋高手,因为不能跟这两位对弹,他时常会感到遗憾!魏文帝在展示他的角巾弹棋时,有位客人自称也会玩弹棋,于是曹丕让他弹弹看看。这位客人俯身低头用头上戴的葛巾拂棋,连手都不用,技艺高妙完全超过了魏文帝。

弹棋与围棋、象棋等角智类的棋类游戏规则不太一样。据蔡邕、曹丕、丁廙(yì)等人的《弹棋赋》、徐广的《弹棋经》、邯郸淳的《艺经》等资料记载,汉魏时期的弹棋是一种双人游戏,棋盘大约呈正方形或长方形,用非常光滑的石头制作而成,中间隆起,四边低平,两端各有一个圆洞。棋子由硬木或象牙制成,共十二枚,每方黑白棋子各六枚。游戏时,双方各占一边,将棋子摆好,并在棋盘上洒滑石粉加速棋子运行,用手弹击自己的棋子,将棋子弹入对方圆洞。弹击时,可用己方棋子击打对方棋子清除障碍,也可以调动自己的棋子,布下阵势,阻止对方棋子攻入,将六枚棋子全部弹入对方洞中方可获胜。

玩好弹棋需要较高的弹击技巧、过人的策略智慧和过硬的心理素质。弹棋棋盘中间高四周低的设计,增加了击打难度,弹击的力度把握恰当,才能保证在击落对方棋子的同时,己方的棋子不跌落棋盘,力度大了和力度小了都难以达到理想的效果。弹棋还讲究排兵布阵,对局者需要随着局势的变化巧妙应对,要有勇有谋,文武兼备,"乘色行巧,据险用智"。若是"气竭力残""弱胆怯心""进不及敌""仁而不武",必然导致最终的失利。可以说,弹棋既是胆识与技巧的比拼,又是智慧和谋略的交锋,竞技过程一波三折,扣人心弦,是一种非常高雅的游戏。但是,高雅游戏势必曲高和寡,普及面不高,正如《弹棋经》后序所言:"弹棋者,雅戏也。非同于五白枭橛(jué)之数(指樗蒲掷采),不游乎纷竞诋欺之间,淡薄自如,固趋名近利之人,多不尚焉。"纵观汉魏之时,弹棋主要是在宫廷贵族和士人群体中流行,它不像樗蒲游戏那样,受到社会各阶层的欢迎。

两晋南北朝时期,弹棋仍然繁兴不坠。《世说新语·排调》载:东晋"永和名士"刘惔(tán)去拜访当朝丞相王导,时值盛暑之月,天气炎热,丞相正在"以腹熨弹棋局",嘴中还念念有词:"怎么这么凉快啊!"丞相王导可能在家中也经常玩弹棋,但把弹棋棋盘用来降温,实属王导的自创。南朝刘宋人孟灵休、孔琳之、范景达、江湛、杜道鞠以及南齐人沈文季等都是当时的弹棋高手。范景达因为善弹棋,深得晋平剌王刘休佑的赏识,宋文帝召范景达入朝,刘休佑居然留住他不放,结果皇帝大怒,诘责了休佑(《宋书·晋平剌王休佑传》)。宋文帝刘义隆曾

说：当今天下有"五绝"，分别是杜道鞠的弹棋、范悦的诗、褚欣远的模书、褚胤的围棋和徐道度的疗疾。(《南史·张融传》)由此可知，杜道鞠的弹棋技艺是多么的高超，也反映出弹棋在当时社会的流行程度，可以和诗赋、书法、围棋、医疗相提并论，竟成社会一时之风华。南梁时期依然如是。梁简文帝写有《弹棋论》，梁元帝写过《谢东宫赐弹棋局启》，都对弹棋赞誉有加。北周人王褒在《弹棋》诗中也盛赞弹棋的精妙，"投壶生电影，六博值仙人。何如镜奁上，自有拂轻巾"。认为投壶和六博都不如弹棋，可见北方人对弹棋也是情有独钟。

到唐代，弹棋在继承汉魏六朝旧式的基础之上，对棋子、棋型、布局和行棋方法都进行了革新。唐代弹棋棋子仍是木制或象牙雕刻而成，形状如枕，但棋子的数量增至二十四枚，分为贵子和贱子两种类型，贵子红色、称为"上"，贱子黑色、称为"下"。二人对局，每人十二枚棋子，贵贱子各六枚。除贱子弹击贵子需要以二敌一以外，贵子击贵子、贱子击贱子、贵子击贱子都是一击即可。由于贵子的作用更大，玩棋的人一般都先以贱子去击触对方的子，不得已才用贵子。(柳宗元《弹棋序》)

弹棋的棋盘形制和布局，通过唐代卢谕的《弹棋赋》可以略知一二。其赋曰："观乎局之为状也，下方广以法地，上圆高以象天。起而能伏，危而不悬，四隅咸举，四达无偏，居中谓之丰腹，在末谓之缘边。棋之为数也，各一十二汇。其始布也，各以其类，乃分其位，环合相承，栉比为次。"也就是说，棋盘下方上圆，底部广阔代表地，上部圆凸象征天，契合了古代"天圆地方"的观念。棋盘表面高低起伏，高处到低处过渡平缓，四边仰望中央，又有天下共主之势。布局则是红黑棋子以类相从,各分其位,依次排列。又据《唐语林》刊载的杨牢咏弹棋局诗"魁形下方天顶凸,二十四寸窗中月",唐王建《宫词》"弹棋玉指两参差,背局临虚斗著危。先打角头红子落,上三金字半边垂"诗句,约略可知,弹棋棋盘两边共有二十四格,双方的十二枚棋子分别排列在格内,贵子(红子)布局在底角,尽量躲避对方的攻击,贵贱子似乎还有等级,如上一、上二、上三、下一、下二、下三等,每个棋子的分值都不同,上子分值高,用金字表示。取胜规则也与汉魏时期不同,一方将对方的棋子全部击下者为胜,胜方把剩余棋子按贵贱上下级别计出分值,即为得胜分。

弹棋实物,国内未见。日本的正仓院收藏有一副古代的弹棋盘,长71厘米,宽33厘米,高11厘米,中央突起向两边斜下,斜面左右各六格,棋盘以柿材为主,贴紫檀面料,盘侧面和支角上有螺钿花纹装饰。日本古代弹棋应该是唐代时从中国传过去的,据此可以帮助我们了解唐代弹棋的形制。

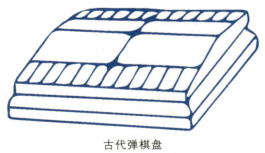

古代弹棋盘
(据日本《古事类苑》绘制)

经过革新之后,弹棋更受到唐人的欢迎,玩弹棋的人不仅有皇帝、大臣、士大夫,还有军人、道士和宫女。如唐顺宗本人

甚好弹棋,时人吉达、高钇(yì)、崔同、杨愿等悉为弹棋名手,窦深、崔长孺、甄颙(yóng)、独孤辽四人也是技艺超群《太平御览·工艺部》。礼部尚书裴宽"工骑射、弹棋、投壶"(《新唐书·裴宽传》)。大文豪韩愈也精通弹棋,曾与以文学见长的独孤申叔弹棋,并赢得人物小画一卷,甚为珍爱(韩愈《韩昌黎文集·画记》)。诗人李颀、韦应物还曾分别为弹棋高手崔侯、刘生撰写了《弹棋歌》,歌颂二人的弹棋绝艺。这两首《弹棋歌》对我们了解唐代弹棋的形制有很大的帮助。王维诗"不逐城东游侠儿,隐囊纱帽坐弹棋",记述了士人张諲玩弹棋时的样子。杜甫诗中也有"席谦不见近弹棋"之句,为怀念苏州城善于弹棋的道士席谦而写。王涯《宫词》:"炎炎夏日满天时,桐叶交加覆玉墀。向晚移镫上银簟(diàn),丛丛绿鬓坐弹棋",描写的是盛夏夜晚宫女弹棋的盛况。边塞诗人高适和岑参的诗中则有大量军人弹棋的描写:"吾徒在舟中,纵酒兼弹棋""弹棋击筑白日晚,纵酒高歌杨柳春""饮酒对春草,弹棋闻夜钟""弹棋夜半灯花落",等等,可谓是饮酒弹棋,夜以继日。李商隐的诗也写道:"玉作弹棋局,中心亦不平。"白居易也有"弹棋局上事,最妙是长斜"这样的诗句。这些诗文作品,为我们展示了一幅幅唐人弹棋的生动画卷。

历经五代十国时期五六十年的动荡,弹棋之风日渐衰退。北宋初年,还依稀可见弹棋踪迹。太平兴国年间,宋太宗"宣问能者进局并棋子,上习未久,而极其妙焉"(《宋朝事实类苑》卷五十二)。但到了11世纪中期,弹棋活动就近于绝迹了。北宋史学家刘攽(bān)曾写下《杨之美弹棋局歌》,大力赞赏杨褒收藏汉魏的弹棋局,并感叹"少年博戏日益新,古事不复传今人。君能兴此亦先觉,辟雍老儒悲绝学",表达了作者对当时日益翻新的博戏取代古老弹棋和绝学失传的无奈。同时代的沈括在《梦溪笔谈·技艺》中也说:"弹棋,今人罕为之。""今大名开元寺佛殿上有一石局,亦唐时物也。"稍晚一些的陆游看到吕大忠《考古图》对弹棋的描写,也大发感慨,称唐代有关弹棋的诗文"今人多不能解","但恨其艺之不传也"(《老学庵笔记》卷十)。由此可以看出,唐代如此流行的弹棋游戏,到北宋中后期,即便是博学多闻之士也只有望古物而兴叹的份了。

曾经风光一时的弹棋过早地走向衰亡,着实可惜!限于文献资料和实物资料的缺乏,直到今天我们仍无法确知古代弹棋的整套规则。你有没有兴趣对它一探究竟,解开这个千古之谜呢?

牌戏:无声落叶萧萧下

扑克和麻将是我国流行极广的两种牌类游戏,它们玩法简单而多样,老少皆宜。其实,在古人的娱乐生活中,也出现过多种牌类游戏,并曾盛极一时。被人戏称为"国粹"的麻将,来源于古代的牌戏自不必说,即便是扑克牌,也有人说它是中国的纸牌传入西方之后,经过西方人不断改进而形成的。现在,让我们一起来了解古代的牌戏吧!

叶子戏是我国一种古老的纸牌游戏。它的起源有两种说法。一种说法认为叶子戏是唐代玄宗时天文学家张遂(一行和尚)发明的。"唐玄宗(原文为唐太宗,因误而改之)问一行世

数,禅师制叶子格进之","叶子"两个字拆开即为"廿世木子"("叶"字的繁体为"葉"),也就是"二十世李"的意思,以此隐喻大唐国祚。叶子戏出现后,"当时士大夫宴集皆为之"(宋人王辟之《渑水燕谈录·杂录》)。另一说,叶子戏是唐文宗时李郃和叶茂莲两个人共同创制的。如晚唐钟辂《感定录》记载:"唐李郃为贺州刺史,与妓人叶茂莲江行,因撰《骰子选》,谓之叶子戏。咸通以来,天下尚之。"(《太平广记》引)李郃和叶茂莲综合"叶""李"二姓命名这种游戏为"叶子戏"。不论哪种说法属实,叶子戏出现于唐代是确定无疑的。

叶子戏发明之后,迅速在社会上流行开来,文人学士与贵族子弟争相为之。晚唐苏鹗《杜阳杂编》记载,唐懿宗长女同昌公主成年后嫁给了新科进士韦保衡,"韦氏诸宗,好为叶子戏"。夜晚光线暗,同昌公主就让侍从手持红色琉璃盘,盘中放上珍贵的"夜明珠"来照明,以便他们能够通宵达旦地游戏玩乐。唐昭宗时龙州刺史韦贻范也喜欢玩叶子戏,诗人李洞《龙州韦郎中先梦六赤后因打叶子以诗上》一诗对此作了描写:"宝帖牵来狮子镇,金盆引出凤凰倾。徽黄喜兆庄周梦,六赤(骰子别名)重新掷印成。"

五代时期,叶子戏仍很盛行。后梁太祖朱温就是叶子戏的忠实玩家。后梁建国之初,一次梁太祖举行宫廷宴会,招待亲属和部下。宴会正酣之时,梁太祖来了兴致,号令大家玩叶子戏。梁太祖的哥哥广德靖王朱全昱酒酣微醉,不愿玩这种游戏,遂直呼弟弟的小名,说:"朱三,你爱他许大官职,久远家族得安稳否?"指责梁太祖颠覆唐朝三百年基业,自立为帝,不顾家族的安危。说罢,朱全昱生气地把游戏用具摔在台阶上,直到掷骰子用的盆被抵碎才罢手。(北宋钱易《南部新书》)对于弟弟的这种过分做法,梁太祖只是不高兴,并没去追究他的责任。梁太祖未建国之前,还经常与亲戚刘仁遇玩叶子戏。刘仁遇行伍出身,话多语笨,位卑职弱。一日二人游戏,刘仁遇对太祖说,"得则洪沟",太祖直接拒绝,"纵得未可"(后蜀何光远《鉴戒录》)。刘仁遇想通过游戏升官,结果未能如愿。南唐时,后主李煜妃嫔周氏还曾对叶子戏进行创新,著有《金叶子格》。

北宋初著名文学家、翰林学士杨亿(字大年)也喜好叶子戏,并根据掷采名中的"红鹤""皂鹤",将叶子戏改良成"鹤格"。天章阁待制仲简、宣徽使郑戬、郇国公章得象等人经常与杨大年往来,都会玩叶子戏。(欧阳修《归田录》)另据吴处厚《青箱杂记》记载,太傅张士逊曾拿着文章去拜会杨大年,正值杨大年和同辈好友"打叶子",门吏不敢通报。张士逊连续去了三天,天天都是如此。第三天时,张士逊在门外苦等,杨大年从窗户中看到他,才把他招进门去。不过,北宋时像杨大年和好友这样钟爱叶子戏的人并不多,以致后来叶子戏就慢慢地失传了。

看到这里,你对唐宋时期叶子戏的玩法还困惑不解吧?不是说纸牌吗?怎么还有骰子呢?怎么朱全昱说他哥哥"爱它许大官职"?刘仁遇叶子戏求官又是怎么回事?其实,根据北宋欧阳修的说法,这个时候的叶子戏是骰子选,和现在的纸牌还有很大的不同。欧阳修考证说,唐人藏书都是卷轴,翻检不易,常翻还容易坏,于是改以在卷轴上粘贴纸张,上面书写卷轴信息及常需检阅的内容,这些单页的纸张叫"叶子",类似宋代的"策子"。贺州刺史李郃《骰子选》(又名《彩选》)就是这种形制的书籍,骰子格是写在"叶子"上的,故而叫"叶子格"

(《归田录》)。那么,骰子选又是什么游戏呢?骰子选是从骰子戏发展而来的一种掷采选官游戏,类似后世的"升官图""百官铎"。唐人房千里《骰子选格序》对唐代骰子选的玩法略有描述,大体是用六枚骰子在绘有各类官职的图局上投掷,官职从低到高排列,玩家从低阶官职起步,以所投骰子的点数(采数)进升相应职官。这个游戏可以多人一起玩,数轮结束,终局时比较各人的官职大小。由于骰子掷采带有很大的偶然性,骰子选也具有卜算官运前程的寓意。对照骰子选的玩法,再回想刚才的问题,是不是豁然开朗了?

明代时,又出现了叶子戏。不过这时的叶子戏,与唐宋时期不同,它是名副其实的纸牌游戏。据明代成化年间陆容的《菽园杂记》记载,当时昆山流行斗叶子戏,上至大夫、下到孩童都能玩。这种叶子戏有牌三十八张,分别为一至九钱,一至九百,一至九万,二十至九十万贯、百万贯、千万贯及万万贯。一万贯及以上的牌均绘有《水浒》人物图像,例如"万万贯"绘宋江、"千万贯"绘武松、"百万贯"绘阮小五、"二万贯"绘花荣、"一万贯"绘燕青,等等。当时的人称这种牌为"叶子",牌戏本身被称为"叶子戏"。

又据明代万历年间成书、潘之恒著的《叶子谱》及《续叶子谱》,这时的叶子牌增至四十张,比陆容所说的昆山叶子多了半文钱和零文钱两张牌,并改一至九百为一至九索。四十张叶子共分四门:二十至九十万、百万、千万及万万贯为"十字门",计十一张;一至九万贯为"万字门",计九张;一至九索为"索字门",计九张;一至九钱及半文钱、空没文(零文钱)为"文钱门"。一万贯及以上仍绘《水浒》人物图像,空没文绘一矮脚波斯人,其余牌绘绳索、铜钱等图形。这时流行的叶子牌玩法有马吊、扯张、斗虎等。

"马吊"四个人玩,每人八张牌,剩余八张牌放在中间。四个人有庄家、散家之分,先是掷骰子决定庄家,余下三个散家联合攻庄家。四人轮流出牌,"以大击小",万字牌大于索字牌,索字牌大于文钱牌,万字牌、索字牌以数字大小排序,文钱牌反之,"空没文"最大,"九钱"最小。一轮结束称一吊,八吊之中庄家赢二吊保本,赢三吊以上为胜,赢吊愈多酬赏愈多。游戏时,庄家、散家各需注视牌局变化,灵活地选择每轮出的牌,尤其是三个散家要相互配合,尽可能地优化各自牌的打出次序,整个游戏过程极富挑战性。

"扯张"和"斗虎"相对简单,都是去掉除"千万"之外的十字门牌,只使用三十张牌。"千万"称为"千兵",即后世所称的"老千",作用最大。"扯张"二人至五人都可以玩,每人六张牌,两两组合成三副。每人预先确定三副牌的出牌次序,然后分别与他人的三副牌比较点数。一副牌(二张)中,以九点为最大,超过十以上的点只计尾数,点数相同,则以单牌大小计胜,"花九打素九,大九打小九,九打八"("千万"和"空没文"为花牌)。赢牌也有各种不同的酬赏。"斗虎"两个人玩,每人十三张牌,三个人玩,每人九张牌,余牌置于中间。每次出一至三张牌,互比大小。凡三张相同点数的牌叫"豹",同花色相连的牌叫"顺"。规则是:"豹"大于"顺","顺"大于散牌;点数大的"豹""顺"大于点数小的"豹""顺";花色之中,"索胜钱,万胜索";"豹""顺"胜出可以补一张余牌。还有一些特殊的规定,如"千兵、一索、一钱为天豹",是最大的牌,只有"空白文"和"一万"组合的牌才能胜它,等等,不一而足。

明代叶子戏兴起之后,很快便流行起来。正如吴伟业在

《绥冠纪略》中所说:"万历末年,民间好叶子戏,图赵宋时山东群盗姓名于牌而斗之,至崇祯时大盛。"文人士大夫阶层尤其钟爱"马吊"玩法,直接称其为"马吊牌"。如王崇简《冬夜笺记》说:"士大夫好之(指马吊),穷日累夜,若痴若狂",可见当时马吊牌非常盛行。吴伟业甚至说,明朝的灭亡与朝野人士痴迷于马吊有必然的关系,"明之亡,亡于马吊",如此说来真是玩物丧志啊!

明代的马吊牌

在明代叶子戏流行之前,南宋时还出现了一种新的牌类游戏——骨牌。骨牌也叫牙牌,用竹子、木头或骨头等制成,上面刻有点子。每张骨牌的点数由两枚骰子的点数组合变化而成,即两组一至六的数分别组合。由于骨牌是宋徽宗宣和年间发明的,所以也叫"宣和牌"。每幅骨牌共有三十二张(当时称扇),二十二张文牌和十张武牌,每种文牌有两张,每种武牌只有一张,共计二十一种花色。十一种文牌都有固定名称,大小顺序与点数无关,如最大的四张牌"天""地""人""和",分别是六六、一一、四四、一三组合，两张天牌二十四点象征二十四个节气，两张地牌四点象征东西南北四个方位，两张人牌十六点象征仁、义、礼、智等十六项处事道德，两张和牌八点象征清明、端午等八个节日，等等。十种武牌按点数大小排序，点数相同的牌没有区别，如三六、四五组合的两张九点武牌作用是一样的。

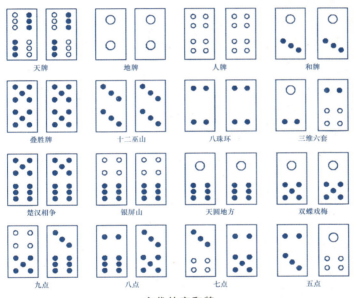

宋代的宣和牌

骨牌玩法多样，牌的组合方式十分复杂。例如古老的"天九"牌玩法，四个人玩，每个人八张牌。打天九时，先出牌的人有权出单张牌或组合牌，组合牌有两张牌组合和三张牌组合两种方式，其他人出相同张数牌与他比大小，牌大者胜出。单张的大小次序如前述。两张牌的组合中，一二点和二四点两

张武牌组成的牌最大,因为它们合计起来是九点,含有"至尊"之意。其次是文牌对子,大小次序和单张相同;再次是两张点数相同的武牌组成的对子,大小次序依点数而定;然后是天、地、人、和四张文牌分别和九、八、七、五点的武牌混合而成的杂色牌,次序是天九、地八、人七、和五。最后是其他杂牌,比点数大小,点数超过十的仅保留尾数(上述明代叶子戏"扯张"玩法显然借鉴了这一规则)。三张牌的组合更为复杂,据明代臧懋循《六博碎金》收录的《宣和谱》,有明确称谓的组合达八十三种,如一一、二二、一一这三张组合叫七星剑,一一、一三、一一这三张组合叫三纲五常,一一、一四、一一这三张组合叫樱桃九熟,等等。另有四十三种没有名称,每种里面还有三四种变例。由此可见,"天九"牌玩法极其复杂,游戏时如不带个说明书是搞不清怎么玩的。

　　明清时期,骨牌的玩法简化,出现了推牌九、相十副、通五关、接龙、碰和等各种不同的玩法。如一个人玩的通五关,是将二十五张牌随机分五行横列,每列五张,全部背面向上,剩下七张机动使用。先取一张机动牌置于一列上,翻开这一列的首尾两张,如果三张牌能够形成一个组合,就把这三张牌取下,全部充作机动牌。如果无法成一组合,则放置第二张机动牌在第二列,依次类推,直到二十五张牌全部取尽即算成功。(清金杏园《重订宣和谱牙牌汇集》)至于"推牌九"的玩法,至今仍很盛行,兹不多言。

　　清代,马吊之风仍很兴盛。清初人周文炜曾对士人阶层舍弃围棋改行马吊的做法提出尖锐批评:"近日马吊盛行,士大夫俨然为之,不耻","弈棋变为马吊,风日下矣,与其马吊,宁弈"(《观宅四十吉祥相》)。康熙年间,依然如是。顾炎武

《日知录》说,"今之朝士,若江南、山东,几于无人不为此"。这一时期,马吊还从南方传至北方,出现了"混江""游湖"等新的玩法。(王士祯《分甘余话》)

"混江"大体上是明代扯张、斗虎玩法的综合。"游湖"又有"默和""碰和""十湖"诸种。据清人金学诗《牧猪闲话》:默和牌六十张,三十种花色,每种花色两张,分"万贯""索子""文钱"三门,皆自一至九,余下三张"千万、红花(枝花)、白花(空没文)"称"么头",是百搭牌,可以随意组合。默和牌属于四人游戏,每人十张,余下二十张置于中间,游戏开始后四人依次抓取。每门三至四张的连续牌叫"副",率先集齐三副者胜。碰和牌使用两套默和牌,每种花色共四张,同色牌两张叫"对子",三张叫"碰",四张叫"开招",五张最难得,叫"活招"。五个人游戏,每人抹二十张,余二十张,尔后轮流出牌、抹牌,余牌抹完,牌局结束,各自亮牌比较大小,"活招"胜"开招","开招"胜"碰",依次类推。还有六个人玩的碰和牌,张数增至一百五十张(两套半默和牌),每种花色五张,每人抹二十张,余三十张,游戏规则不变。十湖牌使用两套默和牌,另加"福、禄、寿、财、喜"五张特别牌,合计一百二十五张牌,四人游戏,出牌、抹牌类似碰和,胜负按"胡"计算,不同牌的组合方式计"胡"数不同,一方玩家达到十胡即可亮牌取胜。清朝后期,默和牌、碰和牌、十湖牌逐渐取代马吊牌。清朝晚期,在这些纸牌游戏的基础上,结合骨牌,便出现了现在的麻将牌。

需要指出的是,明清时期的牌类游戏固然是民众消遣娱乐的一种方式,但有时也与赌博联系在一起,使其蒙上了一层不光彩的阴影。

猜射：分曹射覆蜡灯红

猜谜是今人比较喜欢的一种游戏，古人也是如此，闲来无事，每以猜射娱乐解闷。古代的猜射类游戏有藏钩、射覆和猜谜语等几种不同的类型。

藏钩是出现比较早的一种猜射类游戏。它的玩法比较简单，以"钩"为道具，随机藏在一组中的一个人手里，让另一组人猜"钩"在谁手。藏钩在汉代即已出现。相传汉昭帝的母亲赵婕妤原来家在河间，生下来就两拳紧握，不能打开。汉武帝经过河间，听说有这么一位奇女子，就把她招来，亲自去掰她的手指，手指即刻就伸展了，结果从她手里获得一枚玉钩。汉武帝把她召进后宫，十分宠幸，进为婕妤，并安排在"钩弋宫"居住，时人称她为"拳夫人"或者"钩弋夫人"（梁沈约《宋书·符瑞志》）。此后，人们便仿效钩弋夫人手攥玉钩创制了藏钩游戏。

到魏晋南北朝时，藏钩游戏广为流传，成为岁前腊日举行的一项重要的游戏活动。据西晋周处《风土记》记载："进清醇以告蜡，竭恭敬于明祀，乃有藏彄（kōu）。俗呼为'行彄'，盖妇人所作金环以缩指而缠者。腊日祭后，叟妪各随其侪为藏彄之戏，分二曹以校胜负，得一筹者为胜。"也就是说，每年十二月初八腊日饮祭之后，老人和妇女都会聚集在一起玩藏钩游戏。这时藏钩所用的道具改成了女性佩戴在手指上的金环，所以游戏也被称为"藏彄"或者"行彄","彄"字本身就是指戒指一类的圆环。

关于藏钩的玩法,《风土记》也有记载:游戏者分为两组(曹),以决胜负。如果总人数是偶数,所分的两组人数相等;如果是奇数,则有一人轮流参加两组,名叫"飞鸟",以保证两组人数上的一致。游戏时,一组人暗暗地将金环在众人的手掌中传来传去,并随机攥在其中一人的手中,其他人可以故作姿态以迷惑对方。随后由另一组人猜金环在哪个人的手里,猜中者计筹。如此反复,两组人轮流藏匿猜测,各藏匿三次为一局,得筹多的一组获胜。藏钩游戏别有一番趣味,藏者刻意掩饰,貌合神离,让人分不出真假,猜(射)者需要察言观色,仔细探寻蛛丝马迹,一射中的。东晋庾阐《藏钩赋》曾对藏钩者的神态作过形象的描述:"钩运掌而潜流,手乘虚而密放。示微迹而可嫌,露疑似之情状。辄争材以先叩,各锐志于所向。意有往而必乖,策靡陈而不丧。退怨叹于独见,慨相顾于惆怅。"可谓是传神之极。

除老人、妇女之外,一些文臣武将也喜欢玩这种游戏。唐余知古《渚宫旧事》记载:东晋将领殷仲堪曾和权臣桓玄一块儿玩藏钩游戏,每组近百人。桓玄眼看要输,就去请尚在养病的参军顾恺之帮忙。顾恺之来到后,说:"赏我一百匹布,我就猜。"桓玄爽快地答应了,顾恺之当即猜中,桓玄这组遂取得了胜利。不过,对于藏钩游戏,当时有一种说法,认为"此戏令人生离",有禁忌的家庭多不做这种游戏(宗懔《荆楚岁时记》),藏钩的流行程度在这一时期还有所限制。

唐宋时期,一扫笼罩在藏钩身上的这层阴霾,游戏愈加普及了。宫廷之中,皇帝宫女都爱玩。"弹弦奏节梅风入,对局探

钩柏酒传"(杜审言《守岁侍宴应制》),描写的是皇室成员在除夕夜守岁时玩藏钩游戏的情景。李白《宫中行乐词》中的"更怜花月夜,宫女笑藏钩",则是对宫女夜晚藏钩的再现。花蕊夫人的《宫词》对宫廷藏钩的描绘更有意思:"管弦声急满龙池,宫女藏钩夜宴时。好是圣人亲捉得,便将浓墨扫双眉。"宫女与皇帝一起玩藏钩,若是被皇帝猜中,便要用浓墨涂抹宫女双眉作为惩罚。可以想象一个美人脸被浓墨涂抹之后的滑稽样子,原来皇帝也是这么顽皮啊!文人雅士宴饮之时,也多以藏钩助兴。唐代白居易的"祸福回还车转毂,荣枯反复手藏钩"(《放言》),李商隐的"隔座送钩春酒暖,分曹射覆蜡灯红"(《无题》),宋人王洋的"照镜不收寒鹭影,藏钩新与少年期"(《和徐思远岁除》),洪适的"藏钩解佩两三杯,明日水边沙际、首空回"(《南歌子》)等诗词,讲的都是文人士大夫在玩藏钩游戏。

段成式《酉阳杂俎》还记载了两位唐代猜钩高手的故事。一位是举人高映,段成式曾经在荆州与他一起玩藏钩,每组五十多人,他猜十次能中九次,自己这组钩藏在哪里他也知道。人们都以为高映有别的法术,一问才知道,原来他主要靠观察对方举止神情来判断,每次观察都细致入微,像审察囚犯一样。另一位是隐士石旻(mín),有天晚上与张又新等人玩藏钩,每猜必中。张又新故意刁难他,将钩藏在头上戴的幞头里,轮到石旻猜时,他十分自信地说:"把你们的手张开吧,钩并不在你们的手里。"随后又观察了一会儿,说"在张君的幞头左翅中"。在座的人纷纷感叹,这样竟然还能猜中,真是太奇妙了!石旻后来移居扬州,段成式请求他将猜钩的方法教授给自己。石旻说:"你可以先画几十个人的头像,要找北方和南方少数民族中相貌奇异的人。能辨识出这些头像后,我才教给你猜钩的秘法。"看来,石旻猜钩也没有什么别的诀窍,只是观察细致而已。

唐宋民间藏钩游戏开展得比较频繁的时间除腊日外,还有正月及每月的下九(十九)。《酉阳杂俎》说,"今为此戏,必于正月",大概在正月里,合家团聚之时更方便玩这种多人参与的游戏。宋无名氏《采兰杂志》还说:"每月下九,置酒为妇女之欢","女子于是夜为藏钩诸戏,以待月明,至有忘寐而达曙者"。下九是传统社会里女性欢聚的重要日子,在这天通宵达旦地玩藏钩游戏,为聚会增添了许多乐趣。

明清时期,仍有藏钩游戏存在。"花前彊戏巧争新,无奈些娘道便真"(明王世贞《藏钩》),"金井鸦栖玉殿秋,鸳鸯楼上夜藏钩"(清毛奇龄《宫怨》),"唤十五女青蛾对酒,点两三条红蜡藏钩"(清朱彝尊《折桂令》)等诗词对此都有描写,说明藏钩仍然是时人爱玩的一种游戏。

射覆是另外一种猜射类游戏。"射"就是猜度,"覆"就是覆盖。最早的射覆活动兴起于西汉,是以器皿覆盖一物,让别人猜测里面是什么东西。据《汉书·东方朔传》记载:汉武帝曾放置一只守宫(即壁虎)在盂器下面,让会术数的人去射覆,结果都不能射中。东方朔自告奋勇地说:"臣曾经学习过易经,请让我来猜射!"东方朔卜蓍问卦之后对汉武帝说:"臣以为它是龙却又没有角,是蛇可是又有足,跂跂脉脉善缘壁,不是守宫就是蜥蜴",果然猜中了。又令他复射别的东西,也是连连射中。宠臣郭舍人看到后,对汉武帝说:东方朔太狂妄了,他不过是侥幸射中而已,并不是使用什么至数之术。请让东方朔再射一次,若能中,臣愿意被打一百杖,如果他猜不出来,您要

奖赏臣。汉武帝同意之后,郭舍人拿来不常见的树上芝菌覆在盂下,让东方朔猜,结果又被东方朔猜中了。东方朔在毫不知情的情况下,连连猜中随机摆放在器皿下面的东西,似乎不可思议。但请注意,这种形式的射覆并不是一种单纯的娱乐游戏,不是依靠运气或概率来猜的,而是与术数之学相关联,靠的是射覆者的占筮卜卦能力。我国古代术数之学很发达,它主要是运用易经、八卦及阴阳五行等理论去推算未来、趋吉避凶,天文历法、数学星占、风水命理等都属于这一范畴。术数之学深奥难懂,普通人难以明白其中道理,通过射覆这种简单的猜物游戏就可以检验一个术士是否真的具有预测之术,术士也乐于用这种方式展示自己的能力。汉武帝令术士们射覆,目的是考验他们,而东方朔的自告奋勇显然是为了展示自己。

　　像东方朔这样每射必中的射覆高手历史上还有不少,例如三国时的官辂、晋代的郭璞、南朝的梁元帝萧绎、唐代的罗浮山人轩辕集、五代十国的叶简等,都是有史料记载的玩射覆游戏的高人。关于管辂射覆的历史记载较为详细,我们可以一起来看看他的这一绝技。

　　据《三国志·管辂传》记载,管辂容貌丑陋,没有任何威仪,但他擅长术筮,经常有人找他占卜问卦,每每灵验。适逢馆陶县令诸葛原升任新兴太守,管辂前去送行,诸葛原便自取燕卵、峰窠(kē)和蜘蛛三样东西置于器中,请管辂射覆。管辂卜卦后,说:"第一物,含气须变,依乎宇堂,雄雌以形,翅翼舒张,此燕卵也。第二物,家室倒悬,门户众多,藏精育毒,得秋乃化,此蜂窠也。第三物,觳觫(hú sù,颤抖)长足,吐丝成罗,寻网求食,利在昏夜,此蜘蛛也。"三样东西全部猜中,在场的无不惊叹管辂才智之高。而后,管辂又逐一为大家解读卦象,亦是"开爻散理,分赋形象,言征辞合,妙不可述"。平原太守刘邠(bīn)也曾取印囊及山鸡毛藏于器具中,请管辂射覆。管辂略加思考后便说:"内方外圆,五色成文,含宝守信,出则有章,此印囊也。高岳岩岩,有鸟朱身,羽翼玄黄,鸣不失晨,此山鸡毛也。"还有一次,清河县令徐季龙取十三样东西藏在大箧中,使管辂射,管辂先说鸡蛋,后道蚕蛹,十三样东西一一道来,除了把梳子说成篦子以外,无一差错。一次竟然射中十二样东西,这种射覆技术可谓是前无古人。

唐代酒宴上出现的一种文字游戏也叫射覆。它与作为占验之学的射覆明显不同,类似于猜字谜。李商隐的"隔座送钩春酒暖,分曹射覆蜡灯红"诗句提到的射覆,应该就是这种游戏。它与藏钩有些类似,分组进行,相互出谜猜射。这种射覆游戏的规则,在清人俞敦培的《酒令丛钞》中有记述:"今酒座所谓射覆,又名射雕覆者……法以上一字为雕,下一字为覆。设注意'酒'字,则言'春'字、'浆'字,使人射之,盖春酒、酒浆也。射者言某字,彼此会意。"即一个人说出一字(如"春"字),以该字隐某物(酒),令对方也以一字(如"浆"字)射此物。再如曹雪芹《红楼梦》第六十二回,宝玉和宝钗二人射覆,宝钗覆了一个"宝"字,宝玉射"钗"字,中间隐去了"玉",还原后即为"宝玉""玉钗"。可以看出,这种文字形式的"射覆"十分雅奥难射,需要有一定的文化功底和敏捷的才思。

说到猜字谜,其实谜语早在曹魏时期就已正式出现。因言"鸡肋"被杀头的杨修就是位猜谜高手。曹操令人在尚未建

成的相国门上提一"活"字,杨修很快就能明白:"门里加个'活'字,是'阔'字。魏王嫌门大了。"曹操在一杯奶酪盖上写了一个"合"字给众人看,杨修拿过来便吃了一口,说:"曹公教每人吃一口呀,还犹豫什么!"原来"合"字拆开就是人、一、口三字。这些明显都是曹操玩的字谜游戏。还有一次,曹操从曹娥碑旁路过,看见碑的背面写着"黄绢幼妇,外孙齑(jī)臼"八个字。曹操就问跟随在身边的杨修:"知道是什么意思吗?"杨修回答:"我已经猜到了。"曹操说:"你先别说,让我来猜猜看。"走了三十里路之后,曹操才道:"我也想出来了。"遂叫杨修把自己的理解写下来,只见杨修写道:"黄绢,是有颜色的丝,色丝合成绝字;幼妇,是少女的意思,少女合成妙字;外孙,是女儿的儿子,女子合成好字;齑臼,是承受辛辣东西的,受辛合成辞(辤)字。连在一起就是'绝妙好辞'。"曹操一看,和自己的理解一样,于是感叹道:"我的才力赶不上你,竟然相差了三十里"(《世说新语·捷悟》)。这个字谜艰涩难懂,没有高深的文字功底,并善于联想,否则猜不出来。

  大诗人李白也擅长此道。袁郊《甘泽谣》记载了一个李白以字谜的形式为许云封起名的故事。天宝初(742年),宫廷教坊首席吹笛手李謩(mó)、翰林院供奉李白等人跟随唐玄宗到泰山封禅。期间,李謩回老家任城探望,看到刚满月的外孙,便抱去请李白为他取名。当时李白正在酒楼饮酒,于是在小孩胸前醉书:"树下彼何人,不语真吾好。语若及日中,烟霏谢成宝。"李謩不明白是什么意思,李白解释说:"名字就在诗中啊。树下人是木子,木子是'李'字;不语是莫言,莫言是'謩'字;好是女子,女子'外孙'也。语及日中,是言午,言午是'许'字。烟霏谢成宝,是说云出封中,乃是'云封'也。合在一起就是'李蓍外孙许云封'的意思。"李蓍遂把他的外孙取名叫"许云封",许云封后来也成为一位著名笛子手。

猜字之外,谜语中也有猜事物的。北魏咸阳王元禧谋反不成仓皇出逃,路上让随行的侍从尹龙虎出谜语解闷,尹龙虎出了一则打物谜语:"眠则俱眠,起则俱起;贪如豺狼,赃不入己。"元禧猜是"眼",尹龙虎说是吃饭用的筷子(《魏书·元禧传》)。比较而言,谜底"筷子"形象更为逼真,诙谐有趣。隋代侯白是位猜谜行家,一次杨素出一物谜给他猜:"头长一分,眉长一寸,未到日中,已打两顿。"侯白猜说是"道人"。遂又出了一个相同的谜面给杨素猜,杨素非常奇怪,说:"你怎么学我啊! 谜底当然是'道人'了。"不料侯白却说:"错了,我的谜底是'僧人'。"杨素听后哈哈大笑(唐侯白《启颜录》)。段成式《庐陵官下记》也记载了一个谜语故事:有个叫曹著的人,十分机敏善辩,有人想考考他,便出了个谜语让他猜:"一物坐也坐,卧也坐,立也坐,行也坐,走也坐。"曹著猜到谜底却不说,反而也出一谜给对方猜:"一物坐也卧,立也卧,行也卧,走也卧,卧也卧。"出谜考曹著的人猜不出来,曹著自揭谜底:"你的谜底是'蛤蟆',我的谜底是'蛇',正好我的谜吞你的谜。"对方羞愧难当。

谜语是一种语言文字性的游戏活动,谜面短小精悍,言简意赅,谜底诙谐戏谑,出人意料,益智、休闲、娱乐色彩都很浓,深受社会各阶层的喜爱。到了宋代,出现了一批专业制谜人士和谜社组织,同时诞生了"灯谜"。此后,民间谜语和灯谜同步发展,元宵节"打灯谜"也成为一种习俗,一直流传到今天。

娱乐生活——身心的游弋

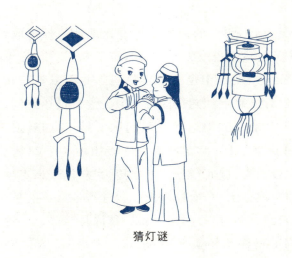

猜灯谜

酒令:觥筹交错杯杯尽

　　酒令也叫酒戏,是我国古代独有的饮酒时助兴取乐的游戏。我国酒文化非常发达,俗话说"无酒不成礼""无酒不成席""无酒不成欢",酒在人们生活中发挥着重要作用。无论是冠婚丧祭等重大典礼,还是节日欢会、朋友聚会、阖家团聚等重要场合,酒都是宴席上不可或缺的饮品。为了活跃饮酒时的气氛,增加饮酒的乐趣,在推杯换盏、觥筹交错之际,酒客们往往还会举行一些游戏活动来助兴,这些助酒的游戏统称酒令。

　　酒令滥觞于西周时期,不过这时的酒令只是饮酒时的礼仪规范,还不是娱乐游戏。如周代礼制规定,宴饮之时主人要先自饮,然后再给宾客斟酒并劝宾客饮用;宾客要向主人施礼表达谢意,仰杯而尽之后还要回敬主人;主宾饮酒有数量限制,即不能超过三爵;饮酒必须听从专门监督饮酒仪节的酒官号令,若有人违犯规定,酒官有权将其撵出宴会场合,等等。春秋战国时期,天下大乱,礼坏乐崩,酒礼受到一定程度的破坏。汉代复行古礼,宴席上置"酒吏",专门监督酒令的执行。《史记·齐悼惠王世家》记载,西汉初,吕后曾大宴群臣,命硃虚侯刘章为酒吏。刘章行伍出身,请求以军法行酒令,得到吕后的认可。席间,有一个吕氏族人喝得大醉,畏酒逃跑,刘章毫不犹豫地追出去挥剑将其斩杀,回来后还汇报:"有亡酒一人,臣谨行法斩之。"吕后及在座的人震惊之余,拿刘章也没有办法,因为同意他行军法在先,"无以罪也"。刘章以军法行酒令大概就是后来"酒令如军令""酒令大于军令"等说法的来源。

汉代之时,酒令也慢慢向着游戏方向发展,令官的作用演变为监督游戏是否公正及执行罚酒任务。据《西京杂记》记载,西汉梁孝王刘武召集许多名士到梁苑宴饮,并让他们各写一篇辞赋。枚乘的《柳赋》、路乔如的《鹤赋》、公孙诡的《文鹿赋》、邹阳的《酒赋》、公孙乘的《月赋》、羊胜的《屏风赋》相继完成,唯有韩安国《几赋》没有写成,请邹阳代写,结果邹阳、韩安国双双被罚酒三升。这种在饮酒时先作辞赋,若有违反便罚酒的做法,实际上已经具备了酒令游戏的一般特征。东汉人贾逵还专门撰有《酒令》一卷,可惜此书已经失传,不然我们现在还能够看到汉代酒令游戏的全貌。

魏晋隋唐是我国酒令游戏大发展的一个时期,各种形式的酒令纷纷涌现。其中,最为常见的有骰子令、筹子令、文字令、曲水流觞令等。

骰子令是用骰子作为行令工具。骰子取自樗蒲、六博等博戏,行令时使用多枚骰子,投掷之后视其采数来决定输赢以及饮酒多少。据唐人皇甫松《醉乡日月》记载,唐代的骰子令"聚十只骰子齐掷,自出手六人,依采饮焉"。如果掷得"堂印",掷采人劝合席各饮一杯,如果掷得"碧油",劝掷外三人饮酒,诸如此类,依所得采,各有饮法。杜牧诗句"骰子逡巡里手拈,无因得见玉纤纤",元稹《赠崔元儒》诗中"今日头盘三两掷,翠娥潜笑白髭须",描写的就是唐人玩骰子令时的情景。

筹子令使用酒筹行令。酒筹是唐人发明的一种酒令器具,一般为长条形,竹质、木质或者银质,上面刻有有关饮酒的铭句,通常多枚为一组,装在专用的筹筒内。行令时抽取一枚,根据铭句所写的内容决定如何饮酒。一九八二年,江苏镇江丹徒县出土了一副唐代银质论语酒筹,共五十支,均为长条形,下端收拢为细柄状。每枚正面刻有行体文字,文字内涂金,文字先刻《论语》中一句,接着刻酒约一则。酒约十分简单,有"(自)饮""劝(饮)""处(罚)""放(弃)"四种;饮酒量有五分(半杯)、七分、十分(一杯)、四十分(四杯)之分。如"巧言令色,鲜矣仁。自饮五分","朋友数,斯疏矣。劝主人五分","乘肥马,衣轻裘。衣服鲜好处七分","恭近于礼乐,远耻辱也"。

唐代酒筹用具
(据江苏镇江丹徒丁卯桥出土实物绘制)

放",等等,不一而足。同时出土的还有银筹筒、银旗、银纛(dào)杆各一件,筹筒用来放筹,旗用来指挥巡酒或抽筹,纛杆用来指挥饮酒。

这批筹令器具的出土,使我们能够直观地了解到唐代筹子令游戏的真实面貌。另据宋人章渊《槁简赘笔》所记,唐代还有一种钓鳌令,一幅令牌四十枚,上面刻写不同的鱼名及诗句,放置在一个石盘中,与筵者用系有红丝线的长竹竿钓起鱼牌,然后依据鱼牌上的字语行酒。如鱼牌中有"巨鳌"一枚,写有这样的字句:"海底仙鳌难比俦,黄金顶上有瀛洲,当时龙伯如何钓,虹作长竿月作钩。请人流霞杯劝登科人十分。"即钓到此牌者可以劝新科进士饮一满杯(流霞杯)酒。钓鳌令与筹子令相近,只是游戏方法略有区别而已。

文字令是按照一定的规则,采用语言文字的方式,在同席之中依次巡酒行令。文字令种类繁多,不胜枚举,可以根据宴饮者的喜好而自由拟令,诸如危语令、拆字令、添字令、对句令、联诗令、谐音令、急口令等。

《世说新语·排调》记载,东晋时桓玄、殷仲堪、顾恺之等人曾以"了语"为题行文字令,顾恺之说"火烧平原无遗燎";桓玄说"白布缠棺竖旒旐(liú mào,古代旗帜下边悬垂的饰物)";殷仲堪说"投鱼深渊放飞鸟"。三句都暗含完了、终结之意,非常契合主题。后又作"危语",以极危险的事情入题赋诗。桓说"矛头淅(xī,淘米)米剑头炊";殷说"百岁老人攀古藤";顾说"井上辘轳卧婴儿";轮到在座的一位参军,他说"盲人骑瞎马,夜半临深池"。这些也都极为形象、准确。

拆字令是把一个字拆成多个字来说,如五代时陶穀出使

吴越国,吴越王钱俶(chù)设宴碧波亭款待,出拆字令"白玉石,碧波亭上迎仙客",拆"碧"为"白玉石"三字。陶穀还令"口耳王,圣明天子要钱塘",则把"圣(聖)"拆为"口耳王"三字。(《全唐诗》卷七百八十九)两人令词还带有互相恭维客套的意思,十分高明。

添字令也能体现人的机智和才情。据《五代史补》记载:唐末,钱镠的杭州城被唐军围困,罗隐、皮日休二人与前来劝降的唐朝使者饮酒行令,规则是"取一字,四面被围而不失其本音"。即选一个字,在它的上下左右各加一个字组成新字,新字的字音还不能变,以此表示杭州城虽然被围但屹立不动之意,同时讥笑唐军的无能。皮日休取"其"字入令,"上加'草'为萁菜,下加'石'为碁子,左加'玉'为琪玉,右加'月'为期会";罗隐接着取"于"字入令,"上加'雨'为雩,下加'皿'为盂,左加'玉'为玗玉,右加'邑'为邘地"。使者不甘示弱,取"亡"字入令,讥笑钱镠必亡,令为:"上加'草'为芒,下加'心'为忘,右加'邑'为邙,左加'心'为忙"。使者令虽完成,但"芒""邙""忙"三个字的字音已经脱离本字"亡",遂遭到众人嘲笑,大惭而去。

急口令又叫绕口令,后世极为发达。唐代宴席上曾出现一种"鸾老头脑好,好头脑鸾老"的急口令,行令时众人传递一支翠簪,翠簪一过,未完令者即受罚。若有人说话迟钝、结结巴巴,此令可能就会被说作"鸾老鸾老",从而引发众人哄笑。(牛僧孺《玄怪录》)另据《唐语林》记载,一位黎州刺史曾作《千字文》令,规则是从《千字文》中选取一句,句中须带有禽鱼鸟兽之名。一次,刺史先作令:"有虞陶唐。"误把"虞"作为"鱼",同席的人知道他错了,但碍于他的身份,只是窃笑,没有罚酒。

酒令巡至薛涛,薛涛应令:"佐时阿衡。"刺史因这四个字没有鱼鸟,不符合规则,命罚薛涛酒。薛涛从容哂笑道:"'衡'字尚有小鱼子(衡字中间有个鱼字),使君'有虞陶唐',都无一鱼。"宾客遂大笑,刺史还不知错在何处。酒令在宴席上的笑谑作用可见一斑。

人们所熟知的曲水流觞令也是酒令的一种。相传王羲之等名士常常在兰亭清溪两旁席地而坐,将盛了酒的觞放在溪中,由上游浮水徐徐而下,经过弯弯曲曲的溪流,觞在谁的面前打转或停下,谁就得即兴赋诗,凡赋诗不得者,罚酒三觥。王羲之著名的《兰亭集序》就是在这种情况下写就的。曲水流觞令文雅别致,尤为文人雅士所喜爱。

隋唐以降,酒令的花样更是不断翻新,类别越来越多,内容越来越丰富,歌舞、谜语、对联、笑话、书名、人名、游戏、猜拳等皆可入令。其中最有影响的除了文字令、筹子令以外,还有酒牌令、猜射令和划拳令等。

酒牌令是在筹子令的基础上发展而来的,行令工具改酒筹为叶子牌,即在叶子上书以令辞,于宴中行令。例如,宋代李如圭编制有"汉法酒"叶子牌,每张牌上分别按汉代官制设十官:丞相、御史大夫、列卿、京兆尹、丞相司直、司隶校尉、侍中、中书令、酒泉太守、协律都尉。行令时得司隶校尉者持节举劾众官,劾及中书令、酒泉太守,令、太守得罪;劾及京兆尹,举劾别人;劾及丞相司直,司直可以反劾司隶校尉;劾及列卿,列卿可以当廷辩护。若劾及丞相、御史大夫得罪,中书令、酒泉太守皆自劾;所有劾、自劾得罪者,由协律都尉相劝饮酒(宋代赵与时《宾退录》)。

元代曹绍编制有"安雅堂觥律"酒牌,共有一百一十九张,包括"觥赞"一张、"觥例"五张、"觥纲"五张、"觥律"一百零八张,其中"觥赞""觥例""觥纲"在行令时无实际意义。在每张"觥律"牌上,顶上二行横书牌名和牌号,牌名取自古代善饮、豪饮、嗜饮者的掌故,右下侧竖书五言诗一首,以概括牌名的意义,左下侧书赏罚酒法。行令时将酒牌扣置桌上,依次揭牌,再按牌中所写之法行赏、罚酒。如第八张"觥律"牌名"曹参歌呼",书五言诗:"相国不事事,闲中饮一卮,邻吏方举觞,歌呼以应之",并书"酒鉴""曲无腔板,倚醉号呶""喧哗者饮巨觥"等字,意思是得到这张牌的人可以罚席间喧哗者一杯酒。(《安雅堂觥律》,载《说郛》)

元代叶子酒牌
(据《说郛》绘制)

明清时期,著名的叶子酒牌还有陈洪绶绘制的"水浒叶子""博古叶子"、任熊绘制的"列仙酒牌"等,每张牌各绘一位人物,旁注令辞及酒约,仍旧按照牌中所写令辞,依法行令或饮酒。"水浒叶子"四十张,各绘水浒人物;"博古叶子"四十八张,各绘古代名人;"列仙酒牌"四十八张,各绘古代传说中的成仙人物。

猜射令源起自汉代的藏钩、射覆游戏,主要有"猜子令"和"猜花令"等。猜子令即一个人握一枚瓜子在手中,左右手不确定,令对方猜瓜子在哪只手中;也可以用三枚花生、两枚瓜子,花生为红色、瓜子为白色,因叫"三红两白",分别握在两只手中,随意出一手让对方猜,先猜单双,后猜几枚,再猜红白。猜不中罚酒,猜中则由覆者饮酒。猜花令是将十个酒杯扣在盘中,把一朵花覆在其中一个酒杯下,猜花在哪个杯中。猜花令参与人数不限,根据每个人的酒量,分成两组,一组覆,另一组猜。若揭得空杯,则斟满此杯,猜的一组人分饮,有时频频猜错,可能需要连饮九杯,称"全盘不出";若猜中得花,则将该杯及盘中所余之杯斟满酒,由覆的一组人分饮。(清代俞敦培《酒令丛钞》卷三)

划拳令起源于唐代的手势令,基本方法是两人对垒,各出

清代划拳图

手指，进行种种较量，负者饮酒。清代俞敦培《酒令丛钞》记述了多种划拳令，如"五行生克令""五毒令""添减正拳令""内拳令"等。

五行生克令以拇指为金，食指为木，中指为水，无名指为火，小指为土，行令时每人出一根手指，根据五行相克规则确定胜负。五毒令与五行生克令类似，以蟾蜍、蛇、蜈蚣、蝎虎、蜘蛛分别代称拇指、食指、中指、无名指和小指，规定蜘蛛吃蝎虎、蝎虎吃蜈蚣、蜈蚣吃蛇、蛇吃蟾蜍、蟾蜍吃蜘蛛。添减正拳令是在出指的同时口中喊出所猜之数，二人出指数量不限，若猜的数字大于二人所出的手指之和，称为"添"，小于称为"减"，正好相等称为"正"；规定添胜减，减胜正，正胜添。例如二人各出一指，其和为二，甲猜三、乙猜一，甲胜；甲猜二、乙猜一，乙胜；甲猜二、乙猜三，甲胜。内拳令以不出的手指作数，若出指时所猜数字正好与二人未出手指的和相同，则胜出；比如二人各出一指，猜"八"的人胜出。

可以说，饮酒行令是中国人在饮酒时助兴的一种特有方式，而行酒令的方式五花八门、纷繁复杂。一般而言，文人雅士常用对诗、猜字、猜谜等文字令助兴，平民百姓多以掷骰、划拳为乐。酒令虽是用来罚酒的，但实行酒令的真正目的是为了活跃饮酒时的气氛，丰富人们的娱乐生活。

 民俗游艺

　　民俗游艺是一种以消遣休闲、调剂身心为目的,带有一定民俗特征的娱乐活动。这类娱乐活动通常在特定的时节进行,并经过历代的传承,成为一种民间习俗。如集中于清明、寒食前后进行的荡秋千、放风筝、拔河等活动,在炎热夏季进行的带有消暑嬉戏性质的水嬉活动,在寒冷的冬季于冰上进行的冰嬉活动,等等。民俗游艺也是人们娱乐生活的重要组成部分,人们通过参与或者观赏这些活动来愉悦身心,放松心情。

秋千：百尺丝绳拂地悬

秋千戏是一种古老的民间休闲游戏。相传，秋千是由春秋时期北方的山戎民族创制的，据隋代杜公赡注引《古今艺术图》记载，"秋千，本北方山戎之戏，以习轻趫者也"。山戎又称"北戎"，分布在今天河北北部一带，居住环境多山多树，山戎人为了练习攀爬跳跃技能，便借助树木藤蔓创制了秋千之戏。后来，齐国的齐桓公带兵打败山戎后，将其国土划归燕国，秋千也随之传入中原，"中国女子学之，乃以彩绳悬木立架，士女炫服，坐立其上推引之"。

秋千名称的来源始自汉代。汉武帝时，为祈祷武帝的千秋之寿，宫女们乘绳悠荡助兴，并称这种游戏为"千秋"，取"千秋万寿"之意，意味着江山可千秋永固。后将"千秋"两字倒转为"秋千"，并一直沿用至今。秋千的形制在这时也由最初的一根绳演化成用两根绳加横板的形式，即在木架上悬挂两根绳索，下系横板。秋千戏器具虽然简单，但却趣味无穷。游戏者端坐在横板之上，通过自身力量或者在外力的推动下，让身体随着秋千的摆动而上下起落，享受着凌空飞驰一般的乐趣。

汉代，秋千戏多流行于后宫之中，正如唐人高无际《汉武帝后庭秋千赋（并序）》所言："秋千者，'千秋'也，汉武祈千秋之寿，故后宫多秋千之乐。"六朝以后，秋千戏逐渐盛行于全国。梁宗懔《荆楚岁时记》中就有寒食节进行"秋千之戏"的记载,说明在南朝时期秋千戏已成为寒食节的民间重要娱乐活动。

到唐代,寒食节、清明节玩秋千戏更是成为一种民间习俗,遍及全国,盛况空前。"十年蹴鞠将雏远,万里秋千习俗同"(杜甫《清明二首》),反映的就是唐代清明节全国各地遍行秋千戏的盛况。"蹴鞠屡过飞鸟上,秋千竞出垂杨里"(王维《寒食城东即事》);"杏花香麦粥,柳絮伴秋千"(柳中庸《寒食戏赠》);"抱膝思量何事在,痴男骏(ái)女唤秋千"(白居易《寒食夜》);"夜半无灯还有睡,秋千悬在月明中"(薛能《寒食日题》);"风烟放荡花披猖,秋千女儿飞短墙"(李山甫《寒食二首》)等诗篇,则描写了唐代寒食节这天,人们或玩、或思、或忆秋千的情景,说明寒食节秋千戏也很盛行。除了在特定的节日作为一项特定的民俗传承以外,唐代的秋千活动还集中在整个春天。张仲素《春游曲》:"烟柳飞轻絮,风榆落小钱。濛濛百花里,罗绮竞秋千";徐铉《柳枝辞十二首》:"濛濛堤畔柳含烟,疑是阳和二月天。醉里不知时节改,漫随儿女打秋千";孙鲂《柳》:"金堤堤上一林烟,况近清明二月天。别有数枝遥望见,画桥南面拂秋千"等诗文,都说的是在阳光明媚的春天,柳絮飞舞,榆钱飘落,一群少男少女聚集在河堤边、柳荫下、花丛中竞玩秋千的场景。

秋千游戏不需要很大的体力和复杂的动作,同时又带有几分惊险,因此它往往是少年儿童和妇女们的最爱。玩得兴起,这些少年儿女还会进行荡秋千比赛。王建的《秋千词》写道:"长长丝绳紫复碧,袅袅横枝高百尺。少年儿女重秋千,盘巾结带分两边。身轻裙薄易生力,双手向空如鸟翼。下来立定重系衣,复畏斜风高不得。傍人送上那足贵,终赌鸣珰斗自

起。回回若与高树齐,头上宝钗从堕地。眼前争胜难为休,足踏平地看始愁。"诗中生动形象地描绘了一群女孩子比赛荡秋千的情形:长长的彩色丝绳系在高高的秋千架上,少女们身穿薄裙、盘巾结带,坐立在秋千之上,分成两队以首饰(鸣珰)为赌注进行比赛。秋千把她们送上高空,如展翅高飞的飞鸟。尽管一场比赛下来,她们衣衫凌乱、宝钗堕地,但是她们荡秋千的技巧都很出色,以致难以分出输赢。

唐代秋千戏不仅盛行于民间,而且在宫廷中也十分流行。据五代王仁裕的《开元天宝遗事》记载:"天宝宫中,至寒食节,竞竖秋千,令宫嫔辈戏笑,以为宴乐。帝呼为半仙之戏,都中士民因而呼之。"唐明皇李隆基看到妃嫔宫女们衣袖飘抖荡秋千的场面而感叹,将秋千形容成"半仙之戏",非常形象。唐代诗人吟咏宫中女性荡秋千的诗篇也有很多。例如,王涯《宫词》:"春风摆荡禁花枝,寒食秋千满地时";和凝《宫词百首》:"司膳厨中也禁烟,春宫相对画秋千";韦应物《寒食》:"彩绳拂花去,轻球度阁来"等,都是描写宫女荡秋千的活动场景。

宋代宫廷和民间荡秋千活动仍很兴盛。王珪《宫词》:"禁籞(yù)春来报踏青,御池波漾碧涟轻。内人争送秋千急,风隔桃花闻笑声。"诗中把清明时节宫中女性荡秋千时畅快的笑声和娇俏的韵致描写得绘声绘色。陆游的"路入梁州似掌平,秋千蹴鞠趁清明"(《感旧末章盖思有以自广》)、"寒食梁州十万家,秋千蹴鞠尚豪华"(《春晚感事》)、"蹴鞠墙东一市哗,秋千楼外两旗斜"(《三月二十一日作》)等诗句,则反映民间荡秋千活动的盛行。在这一时期,即使是贵族妇女、待字闺中的少女,在程朱理学泛滥、封建礼教趋严的社会背景下,依然十分钟爱秋千。她们把秋千视为"释闺闷"的游戏,通过在秋千上翩翩起舞,摆脱整日深居闺房的苦闷。无名氏《点绛唇·秋千》:"蹴罢秋千,起来慵整纤纤手。露浓花瘦,薄汗轻衣透。"写的就是秋天女性蹴鞠过后结伴荡秋千的情景,把她们薄汗轻出、腼腆娇羞的姿态呈现在我们面前,读后耐人回味。宋代名僧惠洪也有一首题为《秋千》的诗:"画架双裁翠络偏,佳人春戏小楼前。飘扬血色裙拖地,断送玉容人上天。花板润沾红杏雨,彩绳斜挂绿杨烟。下来闲处从容立,疑是蟾宫谪降仙。"这首诗用生动的手法将荡秋千的女子比作嫦娥,让我们仿佛看到了一个盈盈含笑的汗颜美人戏秋千的场面。苏轼的名词《蝶恋花·春景》:"墙里秋千墙外道。墙外行人,墙里佳人笑。笑渐不闻声渐悄,多情却被无情恼。"词中描写一位少女正在庭院内荡着秋千,发出的欢笑声传到墙外,吸引了行人驻足听闻,忍不住去想象少女荡秋千的欢乐场面。随着墙内笑声渐渐消失,行人怅然若失,仿佛自己的多情被少女的无情所伤害。似乎从这个时候起,荡秋千成了女性的专利。

　　明清时期,女性在清明节荡秋千的习俗继续传承。明代万历年间宦官史家刘若愚在《酌中志》中写道:"清明,则秋千节也,戴柳枝于鬓,坤宁宫后及各宫皆按秋千一架。"把清明节又称作秋千节,可见荡秋千是清明节的一项必备活动。当然,此处的秋千是给宫中的后、妃、嫔安排的活动。民间女子荡秋千的活动也多有开展。明代山东人李开先有一首《秋千》诗中写道:"索垂画板横,女伴斗轻盈。双双秦弄玉,个个许飞琼。俯视花梢下,高腾树杪平。出游偶见此,始记是清明。"另一首《观秋千作并序》的序言中直接描述了当地农村女性喜好在清明节荡秋千:"清明日高竖秋千数架,近村妇女欢聚其中,予以他事偶过之,感而赋诗。"诗曰:"彩架傍长河,女郎笑且歌。身

轻如过鸟,手捷类抛梭。村落人烟少,秋千名目多。从傍观者惧,仕路合如何。"此诗描绘了农村妇女荡秋千活动的盛况,同时也点明当地女子参加秋千活动的群众性。

绘画作品中对明清时期女子荡秋千也有反映。明代王圻《三才图会》中收录了一幅妇女荡秋千插图,清代陈枚《月曼清游图册》中也有一幅《秋千图》,都极为形象地再现了当时女性荡秋千场景。清代冷枚的一幅《秋千图》则刻画了两位女子在玩双人秋千。此外,在清代随着水嬉娱乐的发展,还出现了水秋千。

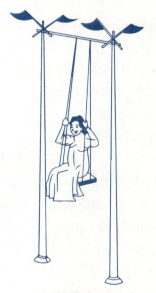

明代秋千图
(据明代王圻《三才图会》绘制)

清代秋千图
(据清代陈枚《秋千图》绘制)

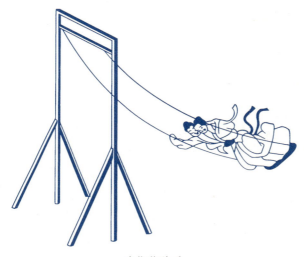

清代荡秋千
(据清代冷枚《荡秋千》绘制)

秋千这种有着几千年历史的民俗事象,至今仍保持着旺盛的生命力。寒冬一过,人们换上春装,架起秋千,在空中飘来荡去,翩翩若飞,既可以开阔视野,平衡身心,舒展心情,调节情感,又能够锻炼意志,增大胆量,培养机智勇敢精神。

风筝:忙趁东风放纸鸢

放风筝是我国古老的传统习俗,有着两千多年的历史。风筝,古称风鸢、飞鸢,用木料为主制作的叫木鸢,用帛或者纸做成的叫帛鸢或纸鸢。早在春秋战国时期,我国就出现了用

竹、木制的风筝。据《韩非子·外储说上》记载:"墨子为木鸢,三年而成,蜚(飞)一日而败。"墨子是墨家学说的创始人,也是一位能工巧匠,他从空中盘旋的鹞鸢得到启迪,花费了三年时间,用木料制作了一个木鸢,可惜这个木鸢只能够在天空飞翔一天。后来,著名的建筑工匠公输般(鲁班)对墨子的技艺加以改进,使用材质更轻的竹子制作风筝,他"削竹木以为鹊,成而飞之,三日不下"(《墨子·鲁问》),这种竹质的喜鹊可以在天上连续飞行三日。另据传说,公输般还曾制作了一个能载人的大木鸢,"为木鸢以窥宋城",在战争中担任侦察任务。

风筝发明以后,初期多用在军事上,经常被当作运输、侦察和通信工具来使用。相传,楚汉相争时,刘邦把项羽围困在垓下,为了瓦解楚军的军心,韩信就派人用牛皮制成风筝,上面绑扎竹笛,夜晚放到楚军上空,竹笛在风力作用下发出凄凉的声音,汉军则在地面上和着笛声高唱楚歌。那深沉而凄婉的旋律引发了长年征战在外、远离故土的楚军将士们强烈的思乡之情,致使楚军军心涣散,斗志全无。在这里,风筝的使用收到了出奇制胜的效果。

另据宋人高承《事物记原》记载:"高祖之征陈豨(xī)也,信谋从中起,故作纸鸢放之,以量未央宫远近,欲以穿地坠入宫中也。"这个故事说的是:汉高祖刘邦建立汉朝后不久,赵国的相国陈豨就背叛刘邦,自立为代王,高祖亲自率军征讨。韩信与陈豨私交甚好,为了给陈豨做内应,便制作了纸鸢,放飞到空中,想用它测量刘邦居住的未央宫的远近距离,以便开凿地道进入宫中捉拿刘邦。当然,这个计谋最后没有得逞,陈豨和韩信都被杀身亡,不过把风筝用于测量让我们看到了风筝在古代的又一用途。

风筝在古代的常见用途还包括传递信息。古代通信技术极不发达，大都是信使乘马匹，通过长途奔袭来传递信息，信息传递速度极慢；即使是相对快速的烽火传信，传递的也只是简单的战争信号。风筝出现之后，古人就利用风筝能够在天空飞翔的特点，把书信绑扎在风筝上，然后放飞风筝，书信随着风筝在天空的飘移被传至远方。使用风筝在空中传递信息，不但不受河流山川等复杂地形的影响，省去了舟车劳顿，而且能够在紧要时刻、特别是在城池被围困之时，突破围军封锁实现信件的传送。

《南史·侯景传》就记载了一则梁武帝用纸鸢告急求援的故事。梁太清三年（549年），侯景之乱期间，叛臣侯景包围了京都建康（今江苏南京），攻破了外城，梁武帝萧衍和文武百官均被困于台城内，与城外援军失去了联系。为了寻求援助，有一个叫羊车儿的人献计，"作纸鸦系以长绳，藏敕于中"，用风筝来传信。梁武帝采纳了这个建议，命太子萧纲在太极殿外，乘西北风施放。当这只藏有求援信的风筝飞上天时，侯景发现异常，连忙命令善射的士兵用箭把它射了下来。最终，梁武帝求援信未能传递成功，台城很快被叛军攻克。

用风筝成功传递信息的事例也有。据《新唐书·藩镇魏博·田悦传》：唐德宗建中三年（782年），唐代将领张伾被田悦军队围困在临洺（míng）城，弹尽粮绝，情况十分危急，张伾用纸制作了一个风鸢，上面书写着"三日不解，临洺士且为悦食"字样，意为三日之内不派援军解围，临洺城必将被田悦攻破，全城将士难逃被杀的厄运。风鸢随风飞到百余丈的高空，越过田悦营上，田悦命射手射之，竟不能及，求救书终于用风筝送达援军。于是，唐军派出援兵，击溃了田悦，解除了临洺之围。

　　五代时期,风筝仍被作为传递信息的工具使用。《全唐诗》中有一首李家明的《题纸鸢止宋齐丘哭子》诗:"安排唐祚革强吴,尽是先生作计谟。一个孩儿抔不得,让皇百口合何如?"这首诗背后有个故事。是说五代十国时期南唐代吴,南唐中主李璟采纳宋齐丘的建议,将吴国宗室成员无论年龄大小全部处死。宋齐丘一直无子,晚年得一子而又夭折,悲恸不已。李家明于是作了这首诗,将它写在纸鸢上,乘风放飞到宋齐丘家上空,然后扯断牵线,让风筝掉落到宋齐丘家里。宋齐丘看过诗之后,深解其意,意识到自己尚且为丧一子而悲恸,那么怎样去面对吴国宗室上百口的性命呢!遂惭愧难当,止住了哭声。

　　放风筝作为人们喜爱的一项娱乐活动,是从隋唐时期开始的。随着造纸技术的日益成熟,纸张被广泛地使用,纸质风筝在唐代大量出现。《全唐文》中收录有两篇专门描写风筝的诗赋作品,分别是杨誉的《纸鸢赋》和唐荣的《纸鸢赋》。从这两篇赋文中可以看到,唐代风筝的形制已经与今天基本相似:风筝的骨架使用纤细的竹篾("理纤篾以体成")搭制,纤篾上粘贴纸张,制作成飞鸟的样子("饰素纸以成鸟"),有的还在纸上涂抹颜色装饰("刷丹青而神王"),并在风筝上束系一根长丝线("膺系纤缕,趾续长绳"),用于施放。相比较先秦时期的木鸢而言,纸鸢的制作更简易、成本更低、质地更轻、飞得也更高,因此在唐代流行甚广。闲暇之时,唐人喜欢携带这种轻便的风筝去郊外和空旷之处放飞娱乐。诗人罗隐在《寒食日早出城东》诗中提到"不得高飞便,回头望纸鸢",描写的是寒食日这天,许多民众聚集中城郊,纷纷放飞手中的风筝,可见天空中风筝迎风飞舞,极为壮观。刘得仁《访曲江胡处士》中的

"落日明沙岸,微风上纸鸢",写的则是一个家居曲江畔的处士在傍晚悠闲地放飞风筝的情景。放风筝这项娱乐活动,在唐代也深受少年儿童的喜爱。路德延《小儿诗》"折竹装泥燕,添丝放纸鸢",元稹《有鸟》"有鸟有鸟群纸鸢,因风假势童子牵。去地渐高人眼乱,世人为尔羽毛全。风吹绳断童子走,馀势尚存犹在天。愁尔一朝还到地,落在深泥谁复怜",以及上面提到的两篇《纸鸢赋》,都对儿童放风筝的情景有形象的描绘。

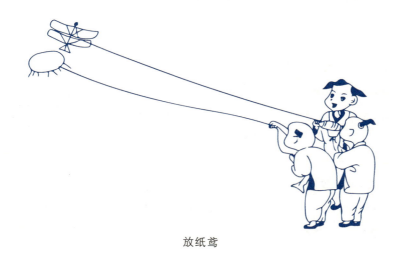

放纸鸢

需要指出的是,尽管放风筝游戏在唐代已经比较常见,但是一直把风筝称作"纸鸢"。唐代时,"风筝"一词已经出现,司空曙、鲍溶、高骈等人专门写有《风筝》诗,李白《登瓦官阁》("两廊振法鼓,四角吟风筝")、李商隐《燕台》("云屏不动掩孤嚬,西楼一夜风筝急")诗中也都提到"风筝",但从这些诗的诗意来看,他们所说的"风筝"实际上是指风铎。风铎是悬挂在殿塔檐角的玉片或者石片,类似于现在的风铃,在风力的作用

下,玉片相互碰撞发出铮铮之声,故又称"风筝"。"风筝"被正式用来指代纸鸢,始自五代时的李业。李业经常在宫中制作纸鸢,并"引线乘风为戏"。为了增添放纸鸢游戏的娱乐性,李业又在纸鸢的头上系上竹哨,风吹入竹哨,发出筝鸣般的声音,此后人们便把纸鸢也称作"风筝"(明人陈沂《询刍录》)。

到了宋代,风筝的流传更为广泛,不仅市井小儿、布衣百姓喜爱,甚至帝王将相、王公贵胄也乐此不疲。北宋徽宗赵佶就是一位喜爱风筝游戏的皇帝,他在处理完朝廷政务之后,经常在宫中放飞风筝戏乐,并且亲自主持编撰了一本《宣和风筝谱》。《宣和风筝谱》不仅多处记载了帝王贵族玩赏风筝的情况,还记录了大量风筝的谱式,可惜此书现已失传。宋人周密在《武林旧事》中对南宋时期京都杭州民间放风筝的盛况也有诸多记述:每年的清明时节,许多少年喜欢到断桥、苏堤上"竞纵纸鸢",即进行放风筝比赛。他们把风筝放上天空后,不是比赛放得高、飞得远,而是"以相勾牵剪截,以线绝者为负",即互相勾引绞线,风筝线倘若被别人绞断则败下阵来。诗人梅尧臣《观放鹞子》:"白皙少年子,秋郊臂苍隼。日暖饥目开,风微双翅紧";陆游《观村童戏溪上》:"雨余溪水掠堤平,闲看村童戏晚晴。竹马踉跄冲淖去,纸鸢跋扈挟风鸣";王令《纸鸢》:"谁作轻鸢壮远观,似嫌飞鸟未多端。才乘一线凭风去,便有愚儿仰面看"等诗句,都对风行一时的放风筝游戏进行了形象描写。南宋宫廷画院待诏苏汉臣的《百子图》中有顽童放风筝的场景,直观地反映了风筝作为一项娱乐活动,也深受儿童的喜爱。

北宋放风筝图
（据苏汉臣《百子图》绘制）

当时，还有一些称作"赶趁人"的民间艺人专事风筝比赛和表演，"此虽小技，亦有专门"。他们在街头瓦市"举枚风筝、轮车数椽"，赌赛输赢，输者顷折二三两钱，每日如此。其中，周三、吕偏头两人放风筝的技艺高超，经常在放风筝比赛中胜出，他们的名字被载入《武林旧事》，名留千古。由于社会上放风筝的普及，南宋时还出现了专门制作风筝的手工艺者和售卖风筝的店铺，有的店铺还出售专用的风筝线和缠绕风筝线的轮车，"每一事率数十人，各专籍以为衣食之地"，风筝制作俨然成为一种专门的职业。

明清两代是风筝发展的全盛时期。这一时期的风筝在形制、样式、扎制技术、装饰及放飞的技巧方面均比过去有了很大的发展和进步。诗人刘崧在《风筝曲》中这样描述明代的风筝："缉麻合线长百丈，要系风筝待晴放。有风须及清明前，作得鲇鱼爱新样。全身糊纸竹缚匡，两旗横张垂尾长。手中缓

放莫教卷,风力渐舒飞渐远。"(明刘崧《槎翁诗集》)可见,在传统鸟形风筝(飞鸢)的基础上,明代出现了用纸、竹等材料扎制的、用麻线施放的鱼形风筝。

清代风筝样式更为丰富,各种以动物、人物、故事、字画为题的风筝纷纷出现。据清人李斗《扬州画舫录》卷十一载:"风筝盛于清明,其声在弓,其力在尾;大者方丈,尾长有至二三丈者。式多长方,呼为'板门',余以螃蟹、蜈蚣、蝴蝶、蜻蜓、福字、寿字为多。次之陈妙常、僧尼会、老驼少、楚霸王及欢天喜地、天下太平之属,巧极人工。晚或系灯于尾,多至连三连五。"据此所述,当时扬州的风筝大者一丈见方,尾长二三丈,以长方形居多,也有蜈蚣、蝴蝶等动物风筝和福字、寿字等字画类风筝,至于陈妙常、僧尼会之类,则是以人物或者故事为题材的风筝。夜晚施放,会在风筝上系三至五盏明灯,别有一番情趣。张元长在《笔谈》中对苏州的风筝也有记述:有个叫梁伯龙的人,把鹞子(鹞子是南方人对风筝的称呼)彩绘成凤凰,飞上天空,"有异鸟百十拱之",众人看了都惊奇不已。又有人做了只"女人形"的鹞子,将她装扮一番,"粉面黑鬓,红衣白裙,入于云霄,袅娜莫状"。有的还在风筝上悬挂"丝鞭"(即竹哨),作"悦耳之音"(引自顾禄《清嘉录》)。不但南方的扬州、苏州风筝样式丰富多样、制作精良,地处北方的帝都燕京(今北京)亦是如此。富察敦崇《燕京岁时记》"风筝条"载:"风筝即纸鸢,缚竹为骨,以纸糊之,制成仙鹤、孔雀、沙雁、飞虎之类,绘画极工","有带风琴锣鼓者,更抑扬可听"。这些带有风琴和锣鼓的风筝,放入高空,铮铮作响。清代著名的文学家曹雪芹,不但有古典名著《红楼梦》存世,还写过一本名叫《南鹞北鸢考工志》的书,专门研究风筝技术。该书中详细记述了四十三种风筝扎、糊、绘、放的工艺和技法,每种风筝都配有彩图,并附有扎制风筝的歌诀,初学者根据歌诀再对照图谱就能够掌握扎制风筝的技艺。

由此可见,在明清时期,无论是风筝的样式、制作技法,还是在风筝上装置明灯、风鸣等设备,都远非前代可比。

明清时期,民间放风筝的活动也较前代更盛。明代方于鲁《方氏墨谱》中收录的《九子墨》图,其中就有儿童放风筝嬉戏的图景。画家徐渭更是喜爱风筝,并常以风筝作为绘画的题材,留下了许多脍炙人口的风筝画作。只是画还不够尽兴,徐渭还写了三十多首风筝题画诗,如:"江北江南低鹞齐,线长线短回高低。春风自古无凭据,一任骑牛弄笛儿。""柳条搓线絮搓棉,搓够千寻放纸鸢。消得春风多少力,带将儿辈上青天。""我亦曾经放鹞嬉,今来不道老如斯。那能更驻游春马,闲看儿童断线时。""村庄儿女竞鸢嬉,凭仗风高我怕谁。自古有风休尽使,竹腔麻缕不堪吹。"这些诗画作品便是当时放风筝热闹情景的真实写照。

明代放风筝图
(据徐渭《纸鸢图》绘制)

清代放风筝就更为普遍了,潘荣陛的《北京竹枝词》曾这样描述了放风筝的盛况:"风鸢放出万人看,千丈麻绳系竹竿。天下太平新样巧,一行飞上碧云端。"这时的放风筝活动多在清明节前后,借春月空气上升之力放飞。在各地,每到清明扫墓之际,少男少女们便倾城而出,纷纷携风筝涌到郊外,祭扫完墓之后,就在坟前进行放风筝比赛。儿童放风筝娱乐更是常见。古人认为,春天乍暖还寒,邪毒杂生,儿童易感邪气,通过放风筝仰望天空,来回奔跑,张口吐纳,能够消热祛邪。由于放风筝活动以儿童参加为多,因而有许多诗都是借儿童放风筝以寄意。如宋伯仁的诗作《纸鸢》载有:"弄假如真舞碧空,吹嘘全在一丝风。唯惭尺五天将近,犹在儿童掌握中",把儿童放风筝的场面刻画得栩栩如生。诗人高鼎的《村居》一诗至今仍广为流传,诗曰:"草长莺飞二月天,拂堤杨柳醉春烟。儿童散学归来早,忙趁东风放纸鸢。"儿童们对放风筝的喜爱跃然纸上。

清代放风筝图
(据杨柳青年画《十美放风筝》绘制)

风筝作为一种民间游戏活动,之所以长盛不衰,它除了具有的娱乐、健身功能之外,还承载着人们内心的美好祈愿。俗传,风筝能够带走晦气,人们放到了断线风筝,便意味着放走了晦气和不祥。我们现在放风筝,又赋予了新的意义。每年在山东潍坊等地举办的"风筝节",吸引着全世界几十个国家和地区的代表参加,他们一边进行风筝放飞表演和比赛,一边进行国际贸易洽谈。风筝不仅仅是供人消遣娱乐的玩具,还成为国际间友谊、交往、贸易的纽带和桥梁。

拔河:超拔山兮力不竭

　　拔河是以绳子为媒介、众人比较力量的一种游戏和运动,它集健身性、娱乐性、竞技性、观赏性于一体,是现代人们喜闻乐见的一个体育项目。

　　我国拔河运动有着悠久的历史和广泛的民众基础。早在春秋时期,基于水兵训练的需要,类似于现代拔河的"钩强之戏"就已经出现。当时,南方的楚国与吴、越两国经常发生战争,这些诸侯国都拥有强大的水军,水上战船作战十分频繁。为了更好地展开水军搏杀,著名的工匠公输班为楚国设计了一种名叫"钩强"的水战器械。当双方的水军交战时,士兵可以使用"钩强"牵制敌船活动,"退者钩之,进者强之",在占据优势的情况下,可以用它钩住敌船,避免其逃离,在不利的时候,可以用它抵挡敌船,以免其靠近。最终楚国凭借"钩强"之

利在水战中打败了越国(《墨子·鲁问》)。"钩强"之术是一种特别的军事技术,在使用时需要士兵强大的力量和技巧,并需集体配合同时用力,才能发挥最大的效力。楚国为了训练水军士兵的这种能力,便仿照纤夫拉纤的做法,准备一条竹皮编成的长缆,把军士分成两队,让他们各自手挽长缆一端,伴随着惊天动地的战鼓声和呐喊声,众人奋力钩拉牵拖,场面十分壮观。这种紧张激烈、扣人心弦的军事演练就是"钩强之戏"。"钩强之戏"能够锻炼士兵的力量,提高士兵的作战能力,又具有较好的娱乐性和观赏性,此后,楚人"以为教战,流迁不改,习以相传"(《隋书·地理志》)。"钩强之戏"具有了现代拔河的基本特征,成为我国拔河运动的起源。

  随着时间的推移,兼具锻炼和娱乐性质的"钩强之戏",渐渐地从军队流传到民间,从一种军事训练活动转变为一种民间游戏娱乐活动。据梁代宗懔的《荆楚岁时记》和《隋书·地理志》等资料记载,南北朝时,拔河运动在南方荆襄一带非常流行,已经成为寒食节前后民间广为流传的一种民俗娱乐活动。不过"拔河"这一名称此时还没有出现,当时根据活动的特点和起源,把它叫做"拖钩"或者"牵钩"。这时的拔河使用篾缆编制的绳索,篾绳长度惊人,"绵亘数里"。篾绳两端系有很多小钩,以方便选手抓握。参赛人员分为两队,比赛开始后,选手伴着激越的鼓点,整齐用力节奏,在鼓声中奋力拉拔。周围观众则击鼓呐喊,歌唱欢呼,声震云霄。拔河活动场面之恢宏、气氛之热烈,不难想见。梁简文帝时,由于拔河活动传播广泛、影响深远,深恐酿成祸乱,曾一度下令禁止,由是民间拔河游戏才稍微停歇。

  唐代,拔河之名正式出现,拔河活动也重新焕发活力,并发展到了前所未有的高峰。唐人封演的《封氏闻见记》对唐代拔河的比赛用具、比赛规则做过详细的记述："拔河,古谓之牵钩";"古用篾缆,今民则以大麻絚(gēng),长四五十丈,两头分系小索数百条挂于胸前。分二朋,两向齐挽。当大絚之中,立大旗为界,震鼓叫噪,使相牵引。以却者为胜,就者为输,名曰'拔河'。"从这段记载来看,唐代拔河在继承传统"牵钩"的基础上,又有所创新。拔河用的绳索由原来"绵亘数里"的竹质篾缆改成了四五十丈长的大麻绳,麻质绳索的使用和长度的缩短,更利于拔河运动的普及,也更加安全耐用。同时,在麻绳的两头各系有数百条小绳套,拔河的人分两队分别挂绳套于胸前,就像拉纤一样两向用力牵拉绳索。在大绳的中间插立旗帜为界,将对方拉过规定界线的获胜。比赛中,观众鸣锣击鼓、呐喊助威依然如故。除了比赛用绳多了小绳和抓绳方式与现代不同之外,唐代拔河的比赛规则已与现代拔河非常接近。

经过改良之后,拔河在唐代民间及宫廷都极为流行。宫廷之中经常举行拔河比赛,皇宫贵族们十分喜爱这项活动,就连平日深居皇宫中的皇帝也会饶有兴致地参与其中。据古籍记载,景龙三年(709年)二月己丑,唐中宗与皇后驾幸玄武门,观看了一场由宫女参加的拔河比赛。(《新唐书·中宗纪》)唐中宗观看宫女拔河显得不过瘾,在第二年的清明节,又召集满朝五品以上的文武官员、翰林学士等人齐聚皇宫中的梨园球场,专门安排这些朝廷重臣分队拔河。(《旧唐书·中宗纪》)当时,七名宰相和两个驸马组成一队(东朋),三名宰相和五个将军组成另一队(西朋)。东朋比西朋多一人,西朋觉得不公平,奏请重新安排,中宗没有同意。西朋人数虽少,但多数是武将,

与文臣相比,他们身强力壮,更有优势。比赛结果出人意料,西朋竟然输了。更为滑稽的是,西朋的二位老臣、年逾八十的尚书左仆射韦巨源和太子少师唐休璟,比赛中一不留神跌倒在地上,很久爬不起来,逗得中宗大笑不已,连忙命人将他们扶起。这么大年龄还参加拔河,也难怪西朋最后输了。(封演《封氏闻见记》)皇后公主、宗室诸王、北司宦官、宫女侍从等也跟随中宗观看了这场"重量级"的比赛,这可以说是宫廷的一次大联欢。

到唐玄宗时,拔河的规模更大,直接参加拔河的人不再限于宫女和大臣,而扩大到军人群体。进士薛胜有一篇名传千古的《拔河赋》,全面细致地描述了唐玄宗时一场声势浩大的拔河比赛。该赋辞藻优美,对场地、器材、规则、裁判以及比赛的紧张激烈、扣人心弦,都写得惟妙惟肖、真切翔实,是难得一见的以拔河为题的辞赋作品。

据《拔河赋》所记,这次拔河比赛,组织了上千名勇士参加,分为二队展开角逐。比赛用绳由两股麻绳拧合而成,绳长千尺,大绳上又系小绳,供众人挂于胸腋。大绳当中扎一个大旗作为标志,以旗子是否过界来判定胜负。等到双方勇士登场,观众便沸腾起来,现场一片欢呼雀跃。比赛场上,负责赛事的头领挥舞着胳膊指挥,参赛勇士整齐有序地排列在大绳两端,胸套小绳,相背而立,个个是怒目圆睁,信心十足。旁边,双方将领脱下官服,袒露上身,亲自击鼓指挥,掌管监察的侍御史,手持白简,执旗仲裁。比赛开始后,鼓声雷动,双方勇士共同发力,"一鼓作气,再鼓作力,三鼓兮其绳则直",把绳子拉得笔直。初期两队势均力敌,僵持不下,每个人都撑直身躯,毫不动摇,唯有衣服随风飘动。比赛的关键时刻,参赛者头触地面，弓身向前，因用力极大，脚下的地都被蹬出坑来，更是汗流浃背，血脉贲张，面红耳赤。直看得周围观众目瞪口呆，又是千人鼓掌，万人欢呼。加上众人奔跑助阵，一时尘土飞扬，人声鼎沸，好一幅激动人心的激烈场面！比赛最后，胜负的天平向力量大的一方倾斜，弱势的一方被绳子拉拽，仰面朝天地跌倒在地上，强势的一方顺势用力，也是猝不及防，迎面趴倒在地，双方都十分狼狈。

这场比赛不仅有皇宫贵族们观看，还邀请了外国使节和宾客。凡是观看者，无不为之惊叹。如此巨大规模的拔河比赛，因为有外国使节的参与，不再是单纯的游戏娱乐，还具有彰显国威的政治意义，正如《拔河赋》所云："名拔河于内，实耀武于外。"通过此类大型活动充分显示了大唐帝国的强盛国力与奋发向上的军人风貌。当众人高呼要给予获胜方将军加官晋爵时，将军谦虚地说：拔城池杀敌人才是用武之地，拔河算得什么？一位外国使节听后当场就惊吓得把筷子掉到了地上，不停地举杯祝酒，并说：大唐如此强盛，恐怕我们的国家不久就要完蛋了。看来唐玄宗确实达到了预期目的。

拔河除了娱乐之外，还被时人赋予了禳灾祈福以求丰年的特殊意义。《隋书·地理志》载："俗云以此厌胜，用致丰穰"，认为拔河活动可以娱乐神灵，进而带来农业上的大丰收。唐代拔河仍然保留了祈禳农业丰收的寓意。有一次，唐玄宗在观看了禁军举行的拔河比赛之后，诗兴大发，作诗一首，诗曰："壮徒恒贾勇，拔拒抵长河。欲练英雄志，须明胜负多。噪齐山岌嶪(yè)，气作水腾波。预期年岁稔，先此乐时和。"(《观拔河俗戏》)大臣张说也和诗一首："今岁好拖钩，横街敞御楼。长绳系日住，贯索挽河流。斗力频催鼓，争都更上筹。春来百

种戏,天意在宜秋。"(《奉和圣制观拔河俗戏应制》)这两首诗将拔河比赛的气势描写得非常传神,山为之动摇,水为之翻腾,拔河使用的长绳可以系住太阳、挽住河流。并希望通过拔河活动的热闹场面,祈求风调雨顺、五谷丰登,实现"岁稔""宜秋"的美好夙愿。

在中国的拔河史上,唐代当是拔河运动最为兴盛的时代。唐代以后,拔河游戏虽仍旧风行,但随着宋明理学的兴起,礼教趋于僵化,拔河这种俗戏被逐出了宫廷,只有作为穷苦百姓的游戏在民间流传的份了。现在我们在一些地理类的古籍中仍能看到拔河的身影。如宋代祝穆的《方舆胜览》记述归州秭归县风俗时提到:当地"俗好以麻絙巨竹,分朋而挽,谓之拔河,以定胜负,而祈农桑"。清代光绪朝的《洮州厅志》也记载:"旧城民有拔河之战。用长绳一条,联小绳数十,千百人挽两头,分朋牵扯之。"显然,宋清时期民间的拔河活动仍然保留了唐代拔河比赛的遗风,并一直流传至今。

水嬉:罗袜凌波呈水嬉

水嬉是对我国古代水上游戏活动的统称,包括游泳、弄潮和各种水上表演等。水上娱乐活动非常适用于夏季消暑避热,所以深受社会各阶层人们的喜爱。

游泳是古代水嬉中出现最早也最为流行的活动。早期人类濒水而居,为了获取鱼虾等生活资料,人们很早就掌握了游泳本领。据《列子·说符》记载:"有滨河而居者习于水,勇于泅,操舟鬻渡,利供百口。"居住在河边的人熟悉水性,善于泅水,主要依靠渔猎和摆渡为生。《诗经·邶风·谷风》曰:"就其深矣,方之舟之。就其浅矣,泳之游之。"遇到水深的地方就乘木筏或乘船摆渡过去,而在水浅的地方就潜水或浮水游渡过去。最早的游泳活动与人们的劳动生产和日常生活实践紧密相关,随着人们在水中的本领越来越强,游泳还在军事战争中一展头角。春秋战国时期,南方的吴国、越国、楚国等诸侯国已经各自建立了水师,训练水军,用于作战。就连地处中原的齐国,为了对抗吴越强大的水师,在齐桓公主政时,也听取管仲的建议,围河筑坝,修建大型水池,专门用来训练士兵的水战技能,并下令:"能游者赏千金。"结果,还没有用去千金,齐国人的游泳技术就不弱于吴越之人了。等到越国来犯时,齐国把善于游泳的五万战士派上战场,最终打败了强大的越国水师。(《管子·轻重甲》)故宫博物院现收藏一把战国时期的宴乐渔猎攻战纹铜壶,铜壶上刻有一幅"水陆攻战图",即反映了当时水师作战的情况。图中两艘战船正在进行激烈的水战,战士们手持弓戈等武器,头裹巾帻,奋勇作战,射者张弓搭矢,持戈者双足稳立,架梯者大步跑进,仰攻者登梯勇上,荡桨者倾身摇荡。水中伴随着鱼鳖游动,还有双方兵士手持兵器,扬臂蹬足,游泳厮杀。

  游泳被广泛地应用于水兵训练和水师作战之后,极大地推动了民间游泳活动的开展。《庄子·达生》篇记载了一个民间善于游泳者的故事:吕梁之地的河水从百丈的绝壁上飞瀑而下,河中波涛汹涌,激湍腾沫,鼋鼍鱼鳖都不能游。一次孔子站在吕梁水滨,看见一个男子游于水中,以为他要自寻短见,

连忙让他的弟子下河施救,没想到那个人忽然在百步之外浮出水面,并披发高歌,肆意遨游,一幅悠然自得的样子。在鱼鳖都无法生存的巨大水流中自如畅游,甚至造成了孔子的误会,可见此人的游泳技术是多么的高超!

秦汉魏晋之际,游泳与人类社会的关系越来越密切,并不断在战争、生产和娱乐中发挥重要作用。如汉武帝时,专门在长安西南开凿了方圆达四十里的昆明池,教习士兵水战。此后,水师一直是军队中一支重要力量,而游泳作为水兵的训练项目也始终受到重视。同时,民间游泳嬉戏之风不减,游泳技术也得到了空前的发展与提高,一些游泳高手能够边游边进行水上表演。

据刘义庆《幽明录》记载:一次汉武帝在巡游期间,听到瓠子河上传来"弦歌之声",原来是一个老翁带着几个年轻人在水中戏乐,"凌波而出,衣不沾濡",手持乐器漂浮在水面上弹奏,游泳和弹奏技术都相当精湛。汉武帝来了兴致,令他们取水底洞穴中的珠宝,只见其中一人潜入数百丈深的水底,并很快浮出水面,手捧一个直径数寸的明珠,汉武帝甚为欢喜。《晋书·周处传》也记载:西晋勇士周处善游敢拼,河中有蛟龙祸害百姓,为了为民除害,他毅然地跳入河中斩杀蛟龙。蛟龙在水里有时浮起有时沉没,漂游了几十里远,周处始终同蛟龙一起搏斗。经过了三天三夜,当地的百姓们认为周处已经死了,结果周处杀死蛟龙后安全而返。能够在水中与蛟龙搏杀,周处的游泳技术已经到了登峰造极的地步。在敦煌莫高窟第二百五十七窟的平棋顶上,绘有一幅北魏时代的游泳图像。图中有四个畅游于水中的健儿,围绕一朵大莲花追逐嬉戏,有的手臂高高地扬起,像是在同时拨水,有的两手前撩后划,身体舒展,像在水中舞蹈一样,这是当时游泳活动走向娱乐化的有力佐证。

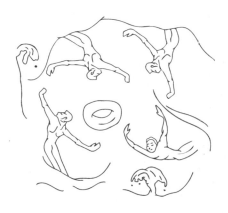

北魏游泳图
(据敦煌莫高窟壁画绘制)

唐宋时期,游泳的军事色彩渐弱,其娱乐性、竞技性、表演性增强,是宫廷及民间娱乐的重要内容。唐朝赵璘《因话录》记载了一位游泳高手的故事:洪州有个叫曹赞的人,擅长水上活动,能够穿着衣服从百尺高的桅杆跳下,端端正正地落在水面上,就像坐在草席上一样,还能在水上穿着靴子行走。有时他让人用一只袋子把他装在里面,然后把袋口扎住,浮在江上,他能自己把袋口解开,更是能够在水中回旋出没,变换出千百种姿态。观看他表演的人都吓得目瞪口呆,不能理解这种异于常人的技能是怎样学会的。这段记叙虽有夸大之处,但从中可以看出,唐时游泳活动已经从单纯的军事训练演变为一种娱乐表演了。

宋代,多人的游泳比赛开始出现。据《宋史·礼志》记载,

在北宋汴梁城的金明池中曾举行过"竞渡之戏"。金明池水域辽阔,修建之初主要用于水军的演练,后来演变为各种水上娱乐活动的专用场所。"竞渡之戏"的比赛方法是"掷银瓯于波间,令人泅波取之"。银瓯是盆盂状的器皿,能够飘浮于水面,比赛者以此为目标,竞相游水前往,最先取得银瓯者获胜,获胜者可以把银瓯作为奖品据为己有。这种游泳比赛很受观众欢迎,"岸上都人纵观者万计"。后来,这种比赛在民间演变为"追鸭子"游戏,即在水中投放活鸭,任其逃逸,善游泳者入水捕捉。水面上鸭逃人追,河岸上观众欢呼鼓劲,场面浩大,热闹非凡。

在游泳比赛的基础上,还出现了一种特殊的游泳活动"弄潮"。弄潮是在江河涨潮时开展的竞技活动,面对波涛汹涌的潮水,游泳健将们凭借高超的泳技,时而迎潮而上,时而随波

钱塘弄潮图
(据《古代风俗百图》绘制)

逐浪,在大风大浪中勇敢搏击,彰显挑战极限、英勇无畏的英雄气概。弄潮活动大约起自唐代,以钱塘弄潮最负盛名。每年农历八月十八日,是钱塘潮峰最高之时,其间潮头推拥,浪高数米,真是倾涛泻浪,喷珠溅玉,如万马奔腾,极为壮观。周围数百里的百姓,齐聚钱塘江口,观潮之余,"共观舟人渔子溯涛触浪"(唐代李吉甫《元和郡县图志》)。

周密《武林旧事》中的《观潮》一文记录了宋代钱塘弄潮的壮观景象:"浙江之潮,天下之伟观也",每逢大潮期,临安城人车倾城而出,沿江搭建彩棚观潮。海面上,潮水如玉城雪岭,遮天蔽日而来,声如雷霆,势极雄豪。此时,浙江一带善于游泳的数百健将,头发披散,手里拿着十幅长的大彩旗,奋勇争先逆着水流踏浪而上,在极高的波涛之中,忽隐忽现腾越着身子,姿势变化万千,"而旗尾不沾湿"。词人辛弃疾在观看弄潮表演之后,也曾留下了这样的词句:"悄惯得、吴儿不怕蛟龙怒,风波平步,看红旆惊飞,跳鱼直上,蹙踏浪花舞。"(《摸鱼儿·观潮上叶丞相》)这些游泳健将们的高超技艺由此可见一斑。此外,唐代诗人李益有"早知潮有信,嫁与弄潮儿"(《江南词》)之语,宋代大文豪苏辙也有"父老不知招屈恨,少年争作弄潮游"(《竞渡》)之赞,都说明弄潮活动在当时非常流行,已经成为民间很受欢迎的一种娱乐表演活动。

水秋千是这一时期比较流行的另外一种水上娱乐表演活动。水秋千原为水中打秋千的意思,是古人把秋千游戏引至水上而创造的一种新的游戏。早在五代时前蜀的花蕊夫人《宫词》中,就有"内人稀见水秋千,争擘珠帘帐殿前。第一锦标谁夺得,右军输却小龙船"的诗句。五代时的水秋千尚在初创时期,宫女们并不常见这种表演,以至于听说有人玩水秋

千,便争着分开珠帘,翘首以望。

迄至宋代,水秋千发展成为一项别开生面的跳水表演。当时水秋千表演的大致情形是:在大船上立一个高大的秋千,表演者登上秋千,高高荡起,当身体与秋千的横架接近平衡时,突然从秋千上腾空而起,在空中翻越筋斗,然后跳入水中。秋千在这里起到活动跳台的作用,与今天的跳板、跳台跳水相比,显然它的难度更大。只有在秋千荡平的一瞬间跳离秋千,才能顺利跳进水里,如果起跳时间稍早或稍晚,表演者就有可能摔在船帮或甲板上,发生危险。水秋千表演动作惊险,姿势优美,令人叹为观止。据《东京梦华录》记载,皇帝宋徽宗曾带着自己的家人和大臣,驾幸金明池观看水秋千表演。南宋诗人朱翌在《端午观竞渡曲江》诗中也说:"却忆金明三月天,春风引出大龙船。二十余年成一梦,梦中犹记水秋千。"时隔二十年后,朱翌对金明池的水秋千表演依然是记忆犹新,足见它受到群众的喜爱程度。

水秋千图

当时的水上表演项目除水秋千外,还有水上百戏、水傀儡、掷水球、水上烟火等。

水上百戏是把汉代以来广场上的百戏演出搬到大船上进行。宋代水上百戏由专业艺人在彩舟上表演，先由一人上场致辞，而后鼓笛声大作，在音乐的伴奏下演出大幕徐徐拉开，节目有"大旗狮豹""棹刀蛮牌""神鬼杂剧"等。"大旗狮豹"是一种歌舞和杂技的综合表演，一个艺人舞动大旗，其他多人乔扮狮、虎、豹等动物，随着大旗挥舞，由乔扮的各种动物翻越跳跃，表演上竿、打筋斗等杂技。"棹刀蛮牌"是一场集体武术表演，百余体健艺人各持刀牌（盾）枪剑等兵器，或者两人表演轮换击刺，或者排成两队表演开门、夺桥等阵式。"神鬼杂剧"是一种结合幻术的化妆表演，表演者戴假面披发，扮作鬼神，上演有简单情节的杂剧，整个表演过程烟雾缭绕、火光冲天、爆竹声声，令人眼花缭乱。水上百戏在难以控制平衡的船上表演，更增加了技巧的难度，极富特色。

水傀儡由傀儡戏发展而来，舞台设在船上，用水力发动人形木偶表演各种节目，有钓鱼、划船、踢球、舞蹈等，也有将木偶雕成鱼龙形状，内设机关，直接放在水中表演击鼓、跳舞、随波出没等。(《东京梦华录》)水傀儡模仿的各种动作栩栩如生，活灵活现，南宋诗人范成大曾说："旱船遥似泛，水儡近如生。"

掷水球是由参赛者在水中用手轮流抛掷气球，以距离远近定输赢，气球实际上是蹴鞠用球，不是我们今天所讲的气球。宋徽宗在观看掷水球后曾赋诗一首："苑西廊畔碧沟长，修竹森森绿影凉。戏掷水球争远近，流星一点耀波光。"这说明掷水球也是皇帝和百姓喜爱观看的一种表演项目。

明清水嬉活动秉承唐宋传统，花样繁多，游泳比赛紧张激烈，弄潮活动惊险刺激，水上百戏精彩纷呈。以每年八月钱塘江的水嬉为例，每当涨潮之际，当地的人们便开展各种水上活

动。明人黄尊素在《浙江观潮赋》中描述:当大潮来临之时,渔人舟子等善泳之人,"百十为伍,绛帻单衣,驰骋波路,持彩旗兮悠飏"。这些人穿着红色单衣,手持彩旗,在滚滚潮水中翻腾出没,向岸边观赏的人们炫耀他们高超的游泳技术。同时,还有艺人在水上表演"踏滚木""水傀儡""水百戏"等,看得观众如痴如醉。

除了江南一带的多水地区,北方水嬉活动也有一定程度的开展。清末关赓麟《都门竹枝词》在描述北京人游泳比赛时写道:"游泳新成石白池,分曹竞赛树红旗。解衣终却春波冷,依旧看人作水嬉。"这次比赛在春天进行,池水冰冷,作者虽看得兴起,但终因怕冷而作罢,只能无奈地看别人尽情畅游。

即便在被人们誉为"世界屋脊"的青藏高原,也有水嬉活动的踪影。在西藏拉萨的布达拉宫,保存着一幅清代的水戏壁画,所绘场面十分壮观:在滚滚河水中有十余位游泳高手,

清代水嬉图
(据西藏布达拉宫壁画绘制)

他们中有的拨水,有的仰泳,有的踏水,有的跳水,画面生动,形态逼真。最高超者为画面中间的游泳者,他双膝盘腿在水面上打坐。河的两岸还有多人在驻足观看。

我国古代的水嬉缘起于渔猎生产和军事战争,后来才慢慢发展为民众的娱乐项目。在漫长的发展过程中,水嬉不断地从其他游戏、技艺中借鉴和吸收,活动内容更加丰富多彩,极大地丰富了古代人民的文化娱乐生活。今天,除了游泳、跳水以外,其他形式如弄潮、水上百戏几乎都看不到了。

冰嬉:往来冰上走如风

冰嬉是清代人对冰上娱乐活动的泛称,涵盖现代的滑冰运动及各种冰上表演。

冰嬉起源于北方民族的冰上狩猎活动。我国国土广阔,南北温差较大,在每年的秋冬时节,南方还是秋高气爽、山花烂漫的时候,北方坦荡辽阔的平原已经被厚厚的冰雪覆盖,真可谓是"千里冰封,万里雪飘"(毛泽东《沁园春·雪》)。为了适应恶劣的生存环境,长期生活在北方冰天雪地里的民众,很早就掌握了滑雪、滑冰技术。据《隋书·北狄传》记载,生活在今天大兴安岭地区的北室韦人,以"射猎为务,食肉衣皮",每到冬季"气候最寒,雪深没马",他们能够"凿冰,没水中而网射鱼鳖",还会采用"骑木而行"的方式在雪地上进行狩猎。另据《新唐书·回鹘下》记载,漠北之地的"拔野古"人"俗嗜射猎,少

娱乐生活——身心的游弋

耕获,乘木逐鹿冰上","黠戛斯"人"俗乘木马驰冰上,以板籍足,屈木支腋,蹴辄百步,势迅激"。这里所说的"骑木""乘木""乘木马"都是指足踏"木马"在冰雪中滑行。具体而言,就是双脚分别绑上两块特制的长条木板,两手各持一根木棍,支在腋下,前行时用木棍撑动冰面提供动力。这种"木马"在冰上滑行速度快,也很省力,用力一撑就可以滑行十几米,行进速度可追及冰上跑的野兽。可见,最迟在我国的隋唐时代,某些北方民族为了在冰雪世界里猎获野兽,就发明了这种类似于现代滑雪板和滑雪杖的两用滑行工具,在冰面上、雪地中纵横驰骋。

　　宋明时期,长期居住在今天松花江流域及黑龙江一带的女真族,也较早掌握了踏冰滑雪的技能。当时,女真族发明了一种专用的滑冰工具"乌拉滑子"。"乌拉"是里面垫以乌拉草、用皮革制成的鞋子,"乌拉滑子"就是在乌拉鞋下面用兽皮筋绑上一块小木头,木块下面再绑上小铁棍,与现代的冰鞋十分相似。乌拉滑子比"木马"更加灵活便利,在冰上的滑行速度更快,女真族人除了用它在冬季狩猎之外,有时也用在军事战争之中。

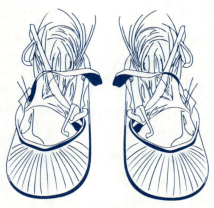

乌拉鞋

据传，建立金国的女真族领袖、金太祖完颜阿骨打，曾联合女真诸部举兵反辽，一举打下宁江州（今吉林省扶余县一带）后，与辽军对峙于宾州（今吉林省农安县东北）。宾州有辽军重兵驻守，阿骨打只有三千兵马，一时难以攻克，只好安营在松花江边，伺机进攻。转眼到了冬天，大雪飘飘，寒风刺骨，河水全部封冻。一天晚上，阿骨打看到铁骊部的十几个士兵足踏乌拉滑子在冰面上行走如飞，顿时心生灵感，命令赶制三千副乌拉滑子，夜袭宾州。三千名士兵穿上乌拉滑子后，顺着松花江面急速行军，很快兵至宾州城下。辽军原本以为凭借江水阻隔，金兵不会贸然进攻，面对蜂拥而至的金兵，一时准备不足，战事失利可想而知。当阿骨打攻进宾州时，辽帅还正在睡觉呢。后来，后金的努尔哈赤在关外用兵，也多次利用女真人善于滑冰的优势，突袭制胜。据《清语摘抄》记载，努尔哈赤天命年间（1616至1626年），女真族领地墨根城（今黑龙江省嫩江县）遭到蒙古部落的围攻，情况十分紧急，努尔哈赤命令尤为擅长冰上滑行的费古烈部队北上救援。于是费古烈让士兵全部换上乌拉滑子，由爬犁拉着火炮，沿着嫩江的冰面滑行如飞，一天一夜竟然行军七百里。当他们赶到时，蒙古兵简直不敢相信自己的眼睛，以为他们是从天而降的神兵，墨根城之围始解。

如此娴熟的滑冰技术是女真人长期训练的结果。在严寒的冬季，北方户外的冰天雪地成了女真人军事训练的天然场所，滑冰也成了八旗练兵的手段与方法。练兵之余，冰上娱乐活动在这一时期也开始出现。据《满洲老档秘录·跑冰戏》记载，后金天命十年（1625年）正月初二，太祖努尔哈赤带领宫内

福晋（妃嫔们）和朝廷贝勒、汉族官员及其夫人们，来到太子河（辽宁本溪境内）的天然冰场，一同参加在冰上举行的春节庆典活动，其中就有两项冰上竞技比赛。第一项是踢形头，"形头"是一种用布或皮革缝制，内部充以棉、毛的球状物，参加者穿乌拉鞋在冰上抢踢。各贝勒及其亲侍人员参加这项比赛，各踢两次确定成绩。第二项是冰上女子赛跑，共分三场，汉族、蒙古族、女真族官员的妻子分别参加其中的一场比赛。比赛时，在冰面上划出起跑线和终点线，限定地区，终点线上各放置两种数额的多份奖金，头奖银二十两，次奖银十两，跑得最快的人取头奖，其次者取次奖，跑得慢没能夺奖的人赛后也能获得一到五两的赏银。这些女子们身穿不同服装，迈着小脚，在洁白的冰面上奔跑，如蝴蝶飞舞，十分热闹、好看。有的赛跑时还滑倒了，引得努尔哈赤"览之大笑"。这样一种规模盛大的冰上竞技活动，显然不属于军事训练范畴，纯粹是为了娱乐需要，意味着冰上活动在当时已经成为人们一种娱乐休闲的手段。

到了清代，随着满族人入主中原，女真人喜爱冰上运动的传统也被带入，朝廷甚至将其和骑射、摔跤一起列为"大清国俗"。清朝官员窦光鼐、朱筠的《日下旧闻考》说："冬月则陈冰嬉，习劳行赏，以简武事，而修国俗。"每年冬季的冰嬉成了训练八旗官兵、检阅八旗子弟滑行技能的制度和惯例，也是皇家冬季游乐的主要所在。为迎接每年一度的冰嬉大典，朝廷专门设立冰鞋处，由冰鞋大臣主持。每年农历十月（刚入冬），冰鞋处从八旗的健锐营中各按定数分别挑选二百名"善走冰"的能手，组成"技勇冰鞋营"，集中进行冰上训练。至冬至后，冰嬉大典在皇城西苑的太液池上（今北京中南海和北海）正式拉开帷幕，技勇冰鞋营中的八旗士兵纷纷出场炫技，届时皇帝乘冰床驾临阅视，对滑冰技艺出众者亲自给予奖励。训练与冰嬉大典所需的经费、设施、奖金等都由内务府提供（《皇朝文献通考·乐考》）。

　　清代冰嬉盛典的活动内容有抢等、射球、抢球等。抢等相当于现代的速度滑冰比赛，按到达皇帝所乘坐冰床前面（即终点）的先后次序，确定头等、二等，等次不同所受赏赐也不同，故称为抢等。抢等时，在距离皇帝二三里以外，树立一面大旗，参与活动的八旗士兵排成一队，整齐地站在一条长绳后面，等待鸣炮或者挥旗号令。号令一下，比赛开始，"遂乃朱旗飐，捷步腾，缇衣扬，轻武鏧（qīng）"，众士兵急向皇帝处飞驰。皇帝跟前站立多名御前侍卫，"抢等者驰近御座，则牵而止之"（吴振棫《养吉斋丛录》）。抢等比赛的竞争十分激烈，乾隆皇帝的《冰嬉赋》说它："闪如曳电，疾如奔星，蹂蹋云衢，扬挥玉京。……首进者却视而小憩，继至得错履而蹴跟。虞后来之比肩，更前往而擢身。"抢等者在冰上如闪电、流星般飞驰，争先恐后，错综交织，极具观赏性。

　　射球，是把滑冰和射箭合二为一的冰上射箭活动。冰面上预先设定盘旋曲折的循环路线，并在沿途设立三座高大的旗门，门上悬挂一个彩球，在滑行过程中张弓射之。彩球称为"天球"，所以这项活动也叫做"射天球"。参加射球活动的人通常有数百人之多，身穿各色马褂，按八旗的颜色依次前行，一个人背插小旗在前引导，一个人手执弓矢紧随其后，以此排列。活动开始后，浩浩荡荡的竞射队伍滑行有序，从门洞里穿

梭往来,排列成一个螺旋形的大圈,从远处看,蜿蜒如一条长龙,蔚为壮观。执弓的人滑行过旗门后,反身回首疾射,英姿勃勃,射中彩球有赏赐。然后再沿盘旋曲折的路线回到队伍中,继续滑行。(吴振棫《养吉斋丛录》)射球是冰嬉中场面最为壮观、规模最为宏大的一项集体表演活动。《清宫词》中"冰莹点点放银光,箭镞闪闪似飞蝗,健儿猿臂献身手,彩球飞落报君王";诗人顾森《燕都杂咏》中的"太液冻初坚,冰嬉队连连,弯弧兼津武,仰射彩球圆",都是对冰上射球活动的生动描述。

清代冰嬉图

(据清代张为帮等《冰嬉图》绘制)

与上面提到的踢行头相似,抢球也是一种冰嬉活动。据高士奇《金鳌退食笔记》、吴振棫《养吉斋丛录》等书记载,抢球在两队之间进行,每队有数十人,为了区分队员,两队分别穿红色和黄色的衣服,排成列并相对而立,中间间隔一定距离。御前侍卫开球,用手把球抛向空中,等球将要落地的时候,众人群起扑球争逐,争抢到球的一方获胜。或者御前侍卫用脚将球踢到两队中间,众人争抢如故,得球者可以再次掷出,众人再争抢,如此循环往复。有时抢球比赛也设旗门,得球者和本队队员相互配合,想方设法突破对方队员的包围与夺抢,待机投向旗门,以球投入对方旗门多者为胜。整个比赛争抢激烈,众人喧笑驰逐,趣味盎然。一方队员眼看就要拿到球了,另一方队员大脚一踢,球又被踢到很远的地方;一方已经拿到球还会被另一方抢过去;有时球坠落在冰上,弹出数丈远,队员也能飞驰过去接住。比赛用球是用动物皮缝制的圆形绵软物,类似现在的足球。比赛用鞋是带铁齿的冰鞋,以便在冰面上奔跑、停止与起动。

此外,每年的冰嬉盛典还有冰上技巧表演。八旗子弟一边高速滑行,一边做出各种难度高的动作,如金鸡独立、凤凰展翅、蜻蜓点水、双飞燕、大蝎爬行、哪吒闹海、鹞子翻身、洞宾背剑、青龙回头、千斤坠等,都是动作优美、技艺娴熟。还有手持器械的冰上杂技表演,如翻杠子、爬竿、飞叉、耍刀、使棒、弄幡等。可以说,清代冰嬉大典内容丰富而精彩、技艺高超而绝妙,令观者赏心悦目,正如乾隆皇帝在《冰嬉赋》中所言:"怡情悦目,有如是哉。"《燕京岁时记》也称其为"技之巧者,如蜻蜓点水、紫燕穿波,殊可观也。"现故宫博物院存有乾隆时期的《冰嬉图》,将其中冰嬉活动惟妙惟肖的多彩姿态,描绘得淋漓尽致。

除冰嬉盛典外,宫廷和民间还有一些其他的冰上游乐项目供宫中皇族、朝野官宦、民间百姓嬉戏娱乐之用,如溜冰、打滑挞、拖冰床等。

溜冰,又称滑擦,主要比赛滑行的快慢。清代潘荣陛的《帝京岁时纪胜》中记载,寒冬之时,当时北京市民群集城外的护城河上玩滑擦,"争先夺标取胜",玩滑擦的人都穿一种有铁齿的冰鞋,在冰上滑动起来如风驰电掣,速度很快。

打滑挞,又称跑冰。陈康祺的《郎潜纪闻》中记载:"禁中(宫内)冬月打滑挞。"宫中开展的这项滑冰比市民在护城河的

溜冰要复杂些。首先用水浇地,冻成冰山,山高三四丈,莹滑无比,然后一些脚穿带毛猪皮冰鞋的宫中滑冰高手从山顶上站着往下滑,滑到底下不跌倒就算胜利。这是由高向下滑冰的运动,动作类似现代的高山滑雪。

拖冰床是数人坐在冰床上,一人拉动冰床在冰上滑行。冰床又叫凌床、拖床,早在北宋时就已经再现。北宋沈括的《梦溪笔谈·讥谑》中记载,在今天的河北省霸州市、沧州市一带,"冬月作小坐床,冰上拽之,谓之'凌床'"。它原是一种冰上交通工具,可以运输物品,也可以载人,后来主要用于冰上

清代拖冰床图

消遣娱乐。清代冰床结构简单,以木材制成床形,木床与冰面的结合处镶嵌两根铁条,以减少与冰面的摩擦力。冰床可以坐三四个人,一个人在前面牵绳拉拽,行走如飞,乘者心旷神

怡,目爽气顺。(高士奇《金鳌退食笔记》)家资富有的子弟,还将几张冰床甚至十几张冰床连在一起,置酒案于冰床上,饮酒赏景,由多人牵引,驰走如飞,其乐融融。

　　清代冰嬉在乾隆朝前后达到鼎盛。到了清代中叶以后,由于近代西方冰上运动项目的传入,冰嬉活动遭受影响,宫廷冰嬉项目日趋衰落,但民间滑冰之风依然长盛不衰。

参考文献

[1] 王永平.游戏、竞技与娱乐[M].北京:中华书局,2010.
[2] 叶大兵.中国百戏史话[M].杭州:浙江人民出版社,1985.
[3] 庄华峰.中国社会生活史[M].2版.合肥:中国科学技术大学出版社,2014.
[4] 刘秉果.中国古代体育史话[M].成都:四川人民出版社,2007.
[5] 刘荫柏.中国古代杂技[M].北京:商务印书馆,1997.
[6] 杨荫琛.中国游艺研究[M].上海:上海文艺出版社,1990.
[7] 张仁善.中国古代民间娱乐[M].北京:商务印书馆,1996.
[8] 金登才.中国戏曲精华史[M].成都:四川文艺出版社,2004.
[9] 郭泮溪.中国民间游戏与竞技[M].北京:三联书店,1996.
[10] 崔乐泉.忘忧清乐:古代游艺文化[M].南京:江苏古籍出版社,2002.
[11] 傅成凤,傅起龙.中国杂技史[M].上海:上海人民出版社,2004.
[12] 蔡丰明.游戏史[M].上海:上海文艺出版社,2007.

后记

本书从酝酿到撰写,再到出版,历时五年有余。当手捧书稿清样时,欣喜快慰之情油然而生,但繁苦的写作过程历历在目。

2014年,受安徽师范大学庄华峰教授和中国科学技术大学出版社的邀约,我和王彦章老师、秦枫老师等几位同仁,在芜湖进行了"漫画版中国传统社会生活"丛书的第一次讨论。经过此次讨论,初步商定了该丛书的编写方案和写作分工。也正是从那个时候开始,我暂时搁置手头的非紧要工作,全身心地投入本书的编写之中。其间,基于写作时间和成书字数的考虑,我曾经两次调整写作大纲,删减了一些写作内容。原本纳入写作计划而最终未能在本书中呈现的娱乐项目有:说书、马戏、武术、斗戏、巧戏、彩选、麻将、垂钓、猜灯谜、赛龙舟等。与书中已经涉猎的内容相似,这些也都是传统社会生活中的重要娱乐事项,它们或在今天仍存,或消逝于漫漫的历史长河。对这些想写而未能写的内容,于我而言,不能不说是一种遗憾。

本书从写作到出版,获得了多方面的帮助和支持。首先,感谢丛书主编庄华峰教授和出版社编辑,没有他们的费心与坚持,本书显然难以问世。庄华峰教授不但统揽全书框架和体例、提供撰写建议、为本书把关,而且逐页校阅书稿、亲自题写书名、为本书润色。庄华峰教授还是我的硕士生导师,授业

之恩，没齿难忘。出版社编辑则多次联络，统筹书稿的编写工作，着实费力不少。其次，感谢中国科学技术大学出版社的领导和编辑，不揣余之浅陋，欣然托之重任，承蒙厚爱，不胜铭感；感谢南京财经大学艺术设计学院的庄唯博士，他是本书的漫画创作者。最后，感谢在中国娱乐生活史领域孜孜耕耘的各位方家、学人，本书在写作过程中广泛参考了他们的研究成果；囿于书写体例，这些并未在行文中一一标注，敬请谅解。在此，向所有关心过我、帮助过本书出版的人们致以由衷的谢意！

本书出版之时，我已是不惑之年。回想年少时懵懂无知，父母四处奔波劳苦，望能有所建树；如今我已为人夫人父，终日栉风沐雨，但竟一事无成。谨以此书献给我年逾古稀的父亲母亲，献给我的妻子和我的孩子。他（她）们是我生命中至亲至爱的人。

是为后记。

王先进

2019年10月于芜湖